JN109907

ライブラリ データサイエンス講義ノート

7

データサイエンティストのための
データベース基礎

増永良文 著

サイエンス社

ライブラリ　データサイエンス講義ノート（LNDS）
編者まえがき

　データサイエンス（Data Science, **DS**）は大変若い学問である．しかしながら，その重要性はあまねく認識されて，DS にかかる教育・研究機関の創設が世界中でなされている．我が国も例外ではない．

　DS とはどのような学問なのか？ 米国計算機学会（ACM）の DS 作業部会が「データサイエンス学部カリキュラムのコンピューティングコンピテンシー」を 2021 年 1 月に公表しており，DS の知識体系は次に示す 11 個の知識領域からなるとしている：分析とプレゼンテーション（AP），人工知能（AI），ビッグデータシステム（BDS），コンピューティングとコンピュータの基礎（CCF），データの取得・管理・ガバナンス（DG），データマイニング（DM），データのプライバシ・セキュリティ・整合性・セキュリティのための分析（DP），機械学習（ML），プロ意識（PR），プログラミング・データ構造・アルゴリズム（PDA），ソフトウェアの開発と保守（SDM）．我が国では（一社）情報処理学会が，これをベースにして，「データサイエンス・カリキュラム標準（専門教育レベル）」を 2021 年 4 月に公表している．その内容は ACM のそれに準じているが「ビジネス基礎」という知識領域を新設している．

　それらは，共に，極めてコンピュータサイエンス寄りの知識体系となっているように映る．換言すれば，社会に出て役立つ DS を考えたときに，DS は地球規模で大きな社会的貢献，自然環境への貢献を成し遂げるための学問と捉えられるから，そのような視点が教育・研究の現場から欠けていてはいけないはずなのに，そのような認識が希薄なように映る．我が国の外務省は『2030 年までに持続可能でよりよい世界を目指す国際目標である持続可能な開発目標（Sustainable Development Goals, SDGs）は 17 のゴール・169 のターゲットから構成され，地球上の「誰一人取り残さない（leave no one behind）」ことを誓っています．SDGs は発展途上国のみならず，先進国自身が取り組むユニバーサル（普遍的）なものであり，日本としても積極的に取り組んでいます．』と謳っているが，SDGs は DS を論じるうえで欠かせない視点と考えられる．

　さて，DS の重要性が認識されるなか，我が国でもデータサイエンスに関する叢書がいくつか刊行される状況となっているが，上述のような観点に合う適切な教科書シリーズが見当たらない．DS は，コンピュータサイエンス，データベース，人工知能，認知科学，数理科学などにとどまらず，また，その応用領域は，理工学，医学，社会科学，人文科学，環境情報学などと関係して，広大な領域をカバーする学問であるからである．

　このような状況のもと，我々は，武蔵野大学データサイエンス学部が展開している
カリキュラムに着目した．同学部は 2019 年に我が国の私立大学で初めてのデータサ
イエンス学部として創設されたが，DS の先端技術にかかる教育・研究と DS の応用
技術にかかる教育・研究に加えて，先端・応用技術を活用し，いかにしてソーシャル
イノベーション，つまり，いかにして我々の未来を切り拓く社会的価値の創造を自然
環境への貢献を伴って実現するかという教育・研究に力点をおいているところに特色
がある．加えて，同学部の多くの教員が SDGs を含む政策・メディアや環境情報学に
関する識見を深く有しているところにも魅力がある．

　そこで，同学部で展開されている講義から DS を論じるうえでこれだけは欠かせな
いと考えられる講義を厳選し，その講義録を中核とした叢書を刊行することには意義
があると考えた．それが，この『ライブラリ データサイエンス講義ノート（Lecture
Notes in Data Science, **LNDS**）』である．実習に重きを置いた学習環境の実現や現
実に即した研究課題の設定とその課題解決への方法論などが丁寧に論じられており，
DS の先端・応用技術の学習，そしてソーシャルイノベーションへの貢献に応えられ
る内容となっているものと信ずる．

　DS という学問は大変若く，ACM や情報処理学会などでその知識体系が提示されて
はいるものの，DS は時間の経過とともにその内容が時々刻々と変化し成長し続ける
ところにこそ，その意義や特徴がある．コンピュータサイエンスのように誕生して数
十年も経てばその概論を著することもできようが，DS の場合，DS とはこういう学問
だと書いた先から陳腐化してくことは明らかなので，「データサイエンス概論」の刊行
は時機を得てという判断をした．

　LNDS がデータサイエンティストとして活躍してみたいとの思いを馳せる学生諸君，
データサイエンスを教授する教員各位，そしてすでにデータサイエンティストとして
第一線で活躍しているが今一度 DS に対する知識の整理をしておきたいと考える方々
の役に立たんことを願って編者まえがきとする．

　2024 年早春

共同編集者
お茶の水女子大学名誉教授
日本データベース学会名誉会長（創設者）
増永良文
武蔵野大学データサイエンス学部学部長
慶應義塾大学名誉教授
清木　康

はじめに

データ分析（data analytics）が注目を集めている最も大きな要因は企業がデータ中心の組織に変革しなければならないと努力しているからである．データ中心，あるいはデータ駆動とは，データを分析してその結果に基づき企業の意思決定を下していくことをいう．

その根底にあるのが，データを資産として見なすという考え方である．データを資源ではなく，預貯金，有価証券，不動産，IT 資産などと同じように資産と見なすことの意味は，データに価値を認めているということである．そうなると，データは企業のミッション・ビジョン・バリュー（MVV）に照らし合わせて適切に統治されていかねばならない．それがデータガバナンス（data governance）である．データガバナンスのもとで，データをどのようにマネジメントするか，これをデータマネジメント（data management）という．

データサイエンティストは企業の意思決定に関与し，資産としてのデータを分析する責務を負っているから，まず，データマネジメントについての知識をしっかりと持ち合わせている必要がある．データマネジメントとは何か，そして，とりわけ大事なことは，データマネジメントはこれまで我々が営々と 培ってきたデータベース管理（database management）と何が違うのか，あるいはどう関係しているのか，についてしっかりとした見識を持ち合わせていなければならないということである．

さて，データサイエンティストがデータ分析のために相対峙する情報システムがデータ分析基盤（data analytics framework）である．データ分析基盤はデータソース，データシンク，データレイク，データウェアハウス，データマートからなるが，それはデータベースシステムを土台に構築されている．したがって，データサイエンティストはデータ分析基盤の仕組みや機能に加えて，データベース（database）とデータベース管理システム（database management system, DBMS），そしてデータ操作言語（data manipulation language, DML）のことを十分に理解しておくことがこの観点からも必要である．また，データサイエンティストがデータ分析のために深く関わることとなるデータウェアハウスや

多次元データベースに対する見識も深めておきたい.

　データサイエンティストが分析の対象とするビジネスデータはリレーショナルデータベースとして構築・管理されることが多い. したがって, リレーショナルデータベースとは何か, リレーショナルデータベース管理システムの仕組み, 国際標準リレーショナルデータベース言語 SQL の基本機能と問合せ機能, SQL とデータベースアプリケーション開発, そして, データ分析のために役立つであろう SQL の OLAP 対応などを理解しておくこともデータサイエンティストにとって必須の基礎知識となる.

　加えて, Web 時代の我々にとってビッグデータの管理・運用とビッグデータの分析は欠かせない. NoSQL と称するビッグデータの管理・運用のためのデータストアとは何か, そして SQL のビッグデータ対応についても理解しておく必要がある.

　このような考えから, 本書は 5 つのパートに分けた 14 章構成となっている.

以下, なるべく分かり易い記述に心掛けるが, データマネジメントとデータベース管理に関してより詳細な議論を好む上級者には下記を薦める.

増永良文（著）『リレーショナルデータベース特別講義 —データモデル・SQL・管理システム・データ分析基盤—』（サイエンス社刊）

一方，リレーショナルデータベースに関する初歩・初級・中級の議論については下記を順に薦める．

増永良文（著）『コンピュータに問合せる —データベースリテラシ入門—』（サイエンス社刊）

増永良文（著）『データベース入門 [第 2 版]』（サイエンス社刊）

増永良文（著）『リレーショナルデータベース入門 [第 3 版]—データモデル・SQL・管理システム・NoSQL—』（サイエンス社刊）

本書を含め，これらの書籍がデータサイエンティストのデータベースに関する理解を深めることに役立ち，データ分析の現場での活躍の一助となり，ひいては我が国のデータベースコミュニティのさらなる興隆の一助となるのであれば，筆者の大きな喜びとするところである．

愚直一徹な筆者の信条を記して前書きの結びとする．

地球丸ごとデータベース！

2024 年春

増永良文

目　　　次

第4章

データ分析基盤 28

第5章

データウェアハウス 38

第6章

データベース 45

第7章

リレーショナルデータモデル 55

サイエンス社のホームページのご案内
https://www.saiensu.co.jp
ご意見・ご要望は　rikei@saiensu.co.jp　まで.

第1章
データ・データ資源・データ資産

■ 1.1 データと情報

そもそも，「データは記号の集まりであって，それ以上でもそれ以下でもない」[1]．このようにデータの定義は至極シンプルであるにも関わらず，それが石油に代わる**資源**（resources）であり，組織体（organization）のかけがえのない**資産**（assets）となる．これはどういうことか，本章ではそれを順を踏んで考えてみよう．

そのために，まず，「データと情報の関係」について論じておく．我が国では巷間，「データ」と「情報」という用語は相当に混用されている．英語で書けば，データは data，情報は information であって，明確に異なる概念なのに，本来データというべきところを情報といったり，その逆であったり，はたまたデータベース（database）を「情報の格納庫」と説明する国語辞書があったりと，この混用には根深さを感じる．

さて，データの定義は上で与えたので，次にデータと情報の関係性を論じる．情報はデータの受け手（receiver）あるいはユーザの存在を前提として成り立つ概念である．つまり，データはその受け手に情報を与えることもあり，そうでないこともある．どういうことか．

データはまずその受け手により「意味解釈」される．これはデータを記述するために用いられている語彙を収録している辞書，構文規則，意味規則，つまり**データモデル**（data model）を用いてなされよう．たとえば，リレーショナルデータモデルで，(花子, 20) という 2 項タップル（binary tuple）がデータだとする．このデータをどう解釈すればよいかはこのタップルを眺めているだけでは分からない．しかしながら，もし，このタップルがリレーション 年齢 (名前, 年

齢) のタップルであるなら，「花子は二十歳である」と意味解釈されるし，もし，このタップルがリレーション 給与 (名前, 給与) のタップルであれば，「花子の給与は 20 (万円) である」と意味解釈できる．これがデータの持つ**意味**（meaning）である．

　続いて，データの持つ意味は受け手がその時点で有している**知識**（knowledge）と比較される．ここに，知識とは知っていることの総体をいう（広辞苑）．もし，それが受け手の知識の増加を引き起こせば，このときデータは受け手に**情報**（information）をもたらしたことになる．たとえば，(花子, 20) というデータの意味が「花子は二十歳である」としたとき，このデータの受け手がすでにそのことを知っていれば，このデータは受け手の知識の増加を引き起こさないから情報とはならないが，それを知らなければ情報となる．

　さらに，受け手は人であれ組織体であれ，情報に対する価値観を有しよう．その結果，情報に価値の付与が行われ，**価値付情報**（value-added information）になる．たとえば，受け手が「花子は二十歳である」ということを知らなかったとしても，(花子, 20) というデータから得られる情報は，花子に関心のない人にとっては三文の値打もないだろう．しかし，花子の二十歳の誕生日に薔薇の花束を贈りたいと夢見ていた受け手にとってはかけがえのない情報となろう．このように，データは受け手の存在のもとに（とても価値のある）情報となりえたり，そうでなかったりする．これが価値付情報の概念である．

　図1.1 にデータ，意味，情報，価値付情報の関係性を示す．

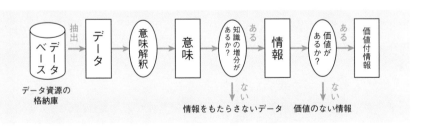

図1.1　データ，意味，情報，価値付情報の関係性

1.2　データ資源とデータベース管理

「世界で最も価値のある資源はもはや石油ではなくデータである」というようなキャッチコピーをよく目にするようになって久しい．データをこれからの時代の最も重要な資源と見なすという考え方である．かつて，鉄，レアメタル，石油，天然ガスなどの天然資源がそうであったように．

さて，**データ資源**（data resources）はどこかを掘れば出てくるというようなものではない．確かに，データ自体はあらゆる時空に存在していて多様な発生源から様々な形で泉のごとく湧き出ているのかもしれないが，明確な意図を持って汲み上げない限りは有用なデータ資源とはならないであろう．

そもそも，資源としてのデータは石油などの天然資源と顕著に異なる性質を有しており，それらを列挙すれば次のようになろう[2]．

(a)　人々の営為のあるところ，必ずやデータは発生する．もちろん自然の営みによってもデータは時々刻々発生している．

(b)　データ資源は大量のそれも生のデータ（raw data，加工されていないデータ）であることが多い．

(c)　データ資源は量的に単調に増加する．天然資源が単調に減少するのとは真逆である．

(d)　データ資源のコンピュータによる利活用を考えるとき，それはデジタル化されていなければならない．

(e)　データ資源の管理・運用にはコンピュータとネットワーク（＝通信回線）が必須である．

(f)　データ資源はネットワークにより転送可能である．データ資源の転送にはあまりコストがかからない．

(g)　データ資源の保管には一般に大容量の電子記録媒体を必要とする．

(h)　データ資源は複製可能である．複製（＝コピー）の作成にほとんどコストがかからない．ただし，無断で複製されても（すなわち，盗まれても）痕跡が残らないことが多い．

(i)　データ資源は暗号化できる．

(j)　データ資源は多種多様である．テキストデータ，音声データ，音響データ，静止画像データ，動画像データ，時系列データ（センサーデータ），な

どといった分類．あるいは，位置情報データ，生体情報データ，POS デー
タ，などといった分類．さらに構造化データ，半構造化データ，非構造化
データといった分類．加えて，オープンデータといった分類もある．

(k)　データ資源は多種多様である（続）．たとえば，テキストデータといっ
ても，テキスト形式なのか，XML 形式なのか，CSV 形式なのか，PDF
形式なのか，などと様々であろう．また，画像データといっても，JPEG
形式なのか，PNG 形式なのか，BMP 形式なのか，TIFF 形式なのか，な
どといった具合にデータは文字通り多様である．さらにいえば，データが
ファイルとして管理されているのかデータベースとして管理されているの
かで，その利活用の仕方はまるで異なってくる．

　なお，(k) 項末で指摘したデータ資源の管理について補足しておくと，組織体
の共有資源としてのデータはファイルではなくデータベースとして管理される
べきである．なぜならば，ファイルはアプリケーションプログラムに隷属した
データなので，たとえば，異なるファイルに存在する同じデータが同一であるこ
とを保証する，すなわち**データの整合性**[1]を保証することが困難であり，データ
を操作するにはプログラミングスキルが必要である．一方，データベースは**デー
タベース管理システム**（database management system，**DBMS**）のもとで一元
管理されたデータ群であって，トランザクションの同時実行や障害時回復などの
機能に長けており，データベースが実世界を正確に写し込んでいるという**データ
ベースの一貫性**[2]が保証され，結果としてデータの不整合も起こりにくく，また
ユーザに優しい**データ操作言語**（data manipulation language，**DML**）やデー
タベースアプリケーション環境がサポートされていたりと，組織体の共有資源
としてのデータ資源の管理・運用を行うのに適している．

　したがって，**データベース管理**（database management）を定義すると，次
のようになろう[3]．

> **定義 1.1**（データベース管理）　資源としてのデータの管理をデータベー
> ス管理という．

---

[1]たとえば，花子の年齢があるファイルでは二十歳と記録されているが，別のファイルでは十九歳と
なっているというようなことがないということ．

[2]たとえば，花子が実世界で二十歳であれば，データベースでも二十歳と記録されていなければならな
いということ．

なお，データは多種多様であるからデータ資源も多種多様となる．その結果，多種多様なデータベースが構築されることとなり，個々の特性に合った DBMS が存在することとなる．たとえば，リレーショナルデータベースの管理にはリレーショナル DBMS が，XML 文書データベースの管理には XML DBMS が，グラフデータの管理にはグラフ DBMS があり，一方，ビッグデータの管理のためにキー・バリューデータストアや列・ファミリデータストアなどが誕生した，といった具合である．

■ 1.3 データ資産とデータマネジメント

1.1 節で述べたように，データは意味解釈ルールのもとで意味を持つこととなり，それが利用者の知識の増分をもたらしたときに情報となり，それは利用者の価値観により価値付情報となった．

さて，利用者が**組織体**（organization），つまり，企業のような経済的組織体や行政組織のような非経済的組織体であったとしよう．組織体はマネジメントの父と称される P. F. Drucker が提唱した「ミッション（mission，使命）・ビジョン（vision，理念）・バリュー（value，行動指針）」，以下 **MVV** と略記，を有していると想定されるが，このときデータがもたらす情報がそれらに照らして戦略的意思決定や業務的意思決定，以下，単に**意思決定**（decision making）という，に資すると判断されたとき価値を有することとなろう．そうすると，問題は組織体がこの価値をどのように見なすかである．組織体がこのような価値を生み出す基となるデータに対して資産的価値を認めたとき，データは**データ資産**（data assets）となる．

ただ，データを資産と見なすことにはデータが無形物であるが故に難しさがある．そもそも，組織体の資産とはそれが有する有形無形の財産を指すが，現金や物品・不動産といった有形物に限らず権利といった無形物まで含め，財産となるものすべてというのが一般的である．組織体が有しているデータが現時点でその組織体の意思決定に役立っていてその価値が認められていれば資産と見なし易いかもしれないが，そのような価値がその時点ではあらたかではない場合もあろう．では，そのようなデータはゴミとして捨ててよいのかといえば，そうではないかもしれない．なぜならば，そのようなデータが将来大きな価値

を生み出すことがあるかもしれないからである．

　データの資産的価値をどう評価するか，これは難問であろう．この問題は何も一組織体が抱え込むようなレベルの問題ではないように思われる．たとえばの話であるが，もし国や地方公共団体が，組織体が所有している不動産（土地・家屋・償却資産）に対して課している固定資産税とは別に，データ資産に対しても税金を課そうとした場合にその資産的価値をどう評価するのか？　データ中心の組織体運営が常態化した暁にはこの問題は避けては通れないように思われるが，そのときにはその評価額算出の方程式をぜひ見てみたい．

　さて，組織体がデータ中心の運営を行っていく場合，避けて通れないのが，データを組織体のかけがえのない資産と見なすということであった．一体，誰がどのような仕組みで組織体の資産としてのデータの管理を行うのか？　これを**データマネジメント**（data management）というが，この概念は明らかにデータを資源と見なしてそれを管理するデータベース管理とは異なり，組織体の意思決定プロセスに深く関わるので極めて人的な匂いの濃い管理の概念であり，次のように定義するのが的確であろう[3]．

> **定義 1.2**（データマネジメント）　資産としてのデータの管理をデータマネジメントという．

▍1.4　実世界のデータモデリング

　データベース管理とデータマネジメントの定義はそれぞれ定義 1.1 と定義 1.2 で与えたが，両者の違いを実世界のデータモデリング（the real world data modeling）の観点から示してみよう．

　まず，図 1.2 に実世界のデータモデリング[1] の概念を示す．ここで，データモデリングについて補足すると，実世界で生起している様々な**事象**（event，出来事）を記述するためには，何らかの記号系（symbol system）が必要で，これを**データモデル**（data model）という．たとえば，実世界がビジネスの世界であればリレーショナルデータモデルが広く受け入れられているし，文書であれば XML データモデルや JSON データモデルが使われよう．データモデルに基づいて実世界をデータベース化する過程を**データモデリング**（data modeling）

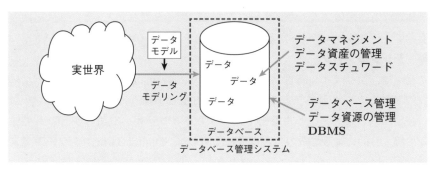

図1.2 実世界のデータモデリングの観点から見たデータマネジマントと
データベース管理の違い

という．データモデリングの結果，データベースが構築される．たとえば，全
国に店舗を持つ家電量販店を実世界とすると，何時，どこの店舗で，どのよう
な商品が，幾らで販売されたかは最も基本的な事象（event）であり，それに伴
いデータが発生するであろう．これをリレーショナルデータモデルでデータモ
デリングすると，リレーション 売上 (時間 id, 店舗 id, 商品 id, 売上高) が定義さ
れ，それに販売実績がデータとして挿入されていくこととなる．この店の販売
促進部門ではキャンペーンを打つために新製品や顧客に関するデータも必要で
あろうから，リレーション 新製品やリレーション 顧客 も定義されるであろう．
そのようなリレーションの集まりがこの店のリレーショナルデータベースであ
る．図はそのようにして構築されたデータベースを**データベース管理システム**
（DBMS）が管理している様子を示している．

　では，データベースに格納されているデータ自体は誰がどのように管理して
くれるのであろうか？ 換言すれば，データが組織体のかけがえのない資産とし
ての価値を有するためには，データベースに格納されているデータ自体に資産
としての価値のあることが前提となるが，それはどのような仕組みで誰が保証
してくれているのであろうか？ それがデータマネジメントであって，その意味
合いを定義 1.2 に与えた．データマネジメントは組織体の資産としてのデータ
を管理するわけだから，それはビジネス的価値に基づく多様なアクションであ
り，DBMS が行えるわけではない．データマネジメントの根本は**データガバナ
ンス**（data governance）であり，それを実施する主体が組織体の MVV に精通
した人的資源，つまりデータオフィサーや**データスチュワード**（data steward）

と称される組織体の人々やグループである．データガバナンスという大局観の
もとでデータスチュワードがどのような職務を遂行するかは後述する（第3章）．

■　デジタルツイン

　元々は，製品ライン管理（product line management, PLM）で 2002 年に
提唱されたといわれる**デジタルツイン**（digital twin）であるが，IoT や AI
の技術革新に伴い，様々な分野でデジタルツイン活用の取組みが行われてい
る．導入目的によってその定義は多様であるが，Digital Twin コンソーシアム
（https://www.digitaltwinconsortium.org/）は 2020 年にデジタルツイン
を次のように定義している．

> **定義 1.3**（デジタルツイン）　デジタルツインは，指定された頻度と忠実
> 度で同期された，実世界のエンティティとプロセスの仮想表現である．

　この定義の意味するところは次のとおりである．
- デジタルツインシステムは，全体的な理解，最適な意思決定，効果的な行動
  を加速することでビジネスを変革する．
- デジタルツインは，リアルタイムデータと履歴データを使用して過去と現在
  を表し，予測される未来をシミュレートする．
- デジタルツインは，結果によって動機付けられ，ユースケースに合わせて調整
  され，統合によって強化され，データに基づいて構築され，ドメイン知識によっ
  て導かれ，IT（Information Technology）／ OT（Operational Technology）シ
  ステムに実装される．

　デジタルツインの概念を本節の「実世界のデータモデリング」の考え方に基づ
いて描くと 図1.3 のようになる．実世界は掴みどころがないので雲形で，「観
察」を「データモデリング」と捉えると仮想表現はデータベースと捉えること
ができるから円筒形で表している（厳密にはプロセスはデータモデリングの対
象外ではあったが）．そうすると，デジタルツインは，実世界からデータが実時
間で仮想表現に流れ込み（観察），それを実時間で処理をして実世界に戻すこと
で（介入），実世界を管理するシステムといえる．したがって，デジタルツイン
はデータベース管理の観点からは実時間（real time）データベースシステムと
捉えられるし，データマネジメントの観点からは即断即決の意思決定に資する
データマネジメントシステムと捉えられよう．

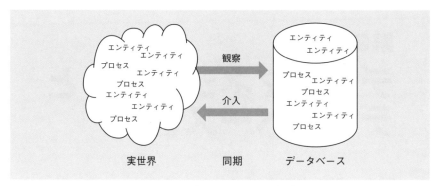

図1.3　デジタルツインの概念

デジタルツインの適用分野は広大と想定されるが，単に IoT や AI に頼るというのではなく，データサイエンティストの有するデータ分析や分析モデル構築の力が生かされる場と考えられるので，その一端を紹介した．

■■■ ■■■　1章の演習問題　■■■ ■■■

□ **1.1**　データと情報の違いを図を交えて論じてみなさい．

□ **1.2**　資源としてのデータが石油などの天然資源と顕著に異なる性質を5つ挙げ，説明を加えてみなさい．

□ **1.3**　データ資源，データ資産，データベース管理，データマネジメントという4つのキーワードを交えて，これらの関係性を説明してみなさい．（50字程度）

□ **1.4**　実世界のデータモデリングの観点から見たデータマネジマントとデータベース管理の違いを図を交えて説明してみなさい．

第2章
データマネジメントとデータベース管理

▌2.1　データマネジメントとは

　データサイエンスの興隆と共に脚光を浴びることとなったデータマネジメントであるが，近年それを新たな学問分野と捉えて，「データマネジメントの知識体系[1]」(data management body of knowledge, **DMBOK**) を明らかにしてみようという取組みが世界の幾つかの組織でなされてきた．その中で，DAMA International が刊行した DAMA-DMBOK Second Edition（以下，**DMBOK2**)[5]は邦訳もされデータマネジメントを語る上で参照されることが多いのでその骨子を見てみる．

　DMBOK2 は「データマネジメントとは，データおよび情報資産の価値をライフサイクル全体にわたって提供，制御，保護，および強化するための計画，ポリシー，プログラム，および実践の開発，実行，および監督である」と定義し，データマネジメントの知識体系を 図2.1 に示したように定義している．

　図を補足すると，DMBOK2 はデータガバナンス (data governance) という知識領域を中核とし，それを 10 個の知識領域が取り囲んでいる．その様子から **DAMA ホイール** (The DAMA Wheel) とも呼ばれる（ホイールは車輪の意）．DMBOK2 を構成する 11 個の知識領域の概要は次のとおりである（順不同）.

1. **データガバナンス**　組織体のデータ資産の管理に対する権限，制御，共有の意思決定法（計画立案，監視，施行）の行使を規定する知識領域.

　　具体的には，組織体がデータを資産として管理できるようにすること，データ管理の原則，ポリシー，手順，指標，ツール，および責任を定義，承

---

[1]知識体系 (body of knowledge, BOK) はそれを特徴づける幾つかの**知識領域** (knowledge area) からなる．コンピュータサイエンスを規定した CSBOK, ソフトウェア工学を規定した SWEBOK, プロジェクト管理を規定した PMBOK など多数の BOK が公表されている.

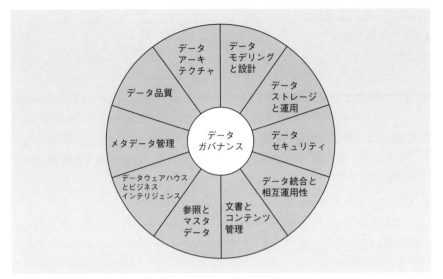

図2.1 DMBOK2 のデータマネジメントフレームワーク[5]

認，伝達，実装すること，ポリシーの遵守，データの使用，管理活動を監視および指導することなどを含む．そのために，チーフデータオフィサー（CDO）を置き，組織体の各部門の責任者からなるデータガバナンス委員会を設け活動する．

　なお，データガバナンスについては第3章で詳しい説明を与える．

2. **データアーキテクチャ**　組織体のデータ要求を部門横断的（cross-functional）に特定し，それらの要求を満たすマスタブループリントを設計しメンテナンスする．マスタブループリントを使用して，データ統合と相互運用性に指針を与え，データ資産を管理し，データ投資をビジネス戦略に合わせて調整することなどを規定する知識領域．

3. **データモデリングと設計**　データ要件を発見，分析，有効範囲を決定し，データモデルと呼ばれる正確な形式でこれらのデータ要件を表現して伝達するプロセスである．このプロセスは反復的であり，概念的，論理的，物理的なモデルを含んでよい．データモデリングと設計はこれを規定する知識領域．

4. **データストレージと運用**　保存されたデータの価値を最大化するための設計，実装，およびサポートなどを規定する知識領域．

　ANSI/X3/SPARC の DBMS の標準アーキテクチャ[1] の用語に従えば，

データベース管理者（database administrator，DBA）が執り行う．

5. **データセキュリティ**　データ資産の適切な認証，認可，アクセス，監査を提供するためのセキュリティポリシーと手順の定義，計画立案，開発，実行などを規定する知識領域．

6. **データ統合と相互運用性**　アプリケーションと組織体内およびアプリケーションと組織体間でのデータの移動と統合の管理などを規定する知識領域．

7. **文書とコンテンツ管理**　あらゆる形式またはメディアのデータと情報のライフサイクル管理のための計画立案，実装，および制御活動などを規定する知識領域．

8. **参照とマスタデータ**　参照データとマスタデータという組織体の共有データを管理して，組織体の目標を達成し，データの冗長性に関連するリスクを軽減し，高品質を保証し，データ統合のコストを削減することなどを規定する知識領域．

　　なお，参照データとは他のデータを分類するために使用されるデータで，通常，それらは静的であるか時間の経過と共にゆっくりと変化する．参照データの例としては，測定単位，国番号，企業コード，固定換算率（重量，温度，長さなど）などが挙げられる．一方，マスタデータとはビジネスエンティティに関するデータをいい，組織体のヒト・モノ・カネに関するデータ，たとえば，顧客データや商品データなどをいい，たとえば，受注といったトランザクションのデータ内にのみ含まれる．

9. **データウェアハウスとビジネスインテリジェンス**　意思決定支援のためのデータを提供し，レポート作成，問合せ，分析に従事するナレッジワーカを支援するための計画立案，実装，および制御プロセスなどを規定する知識領域．

10. **メタデータ管理**　高品質で統合されたメタデータへのアクセスを可能にするための計画立案，実装，および制御活動などを規定する知識領域．

11. **データ品質**　データが利用に適しており，データ利用者の要求を満たしていることを保証するために，データに品質管理の手法を適用する活動の計画立案，実装，および制御などを規定する知識領域．

2.2 DMBOK ピラミッド

　DAMA ホイールとも呼ばれる DMBOK2 はデータガバナンスを中核にして 10 個の知識領域がそれを取り巻いているだけなので，計 11 個の知識領域間の関係性が見えない．このことは，データ資産を最大限に利用して意思決定に役立てたいとの思いから**データ分析基盤**（data analytics framework）を構築したいと考えている組織体にとって，何から手を付けるとそれを構築できるのか，これだけではその道筋が見えない．

　これに対して，元 DAMA 会長の P. Aiken は DMBOK2 で規定された 11 の知識領域を基にして，それをピラミッド構造で再構成することで，組織体が段階的に究極の目的である高度なデータ分析が可能なデータマネジメント達成への道筋を提示した[5]．これはその形状から **DMBOK** ピラミッドと称されるが，それを図2.2 に示す．

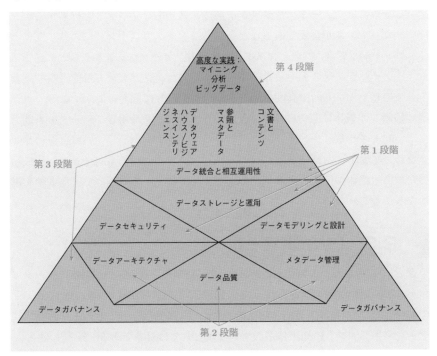

図2.2　DMBOK ピラミッド[5]

DMBOK ピラミッドの意味しているところは，多くの組織体は次に示す 4 つの段階（phase）を踏むことで高度なデータ分析を行えるデータ分析基盤を開発できるであろうということである．

【Aiken のフレームワーク】

第 1 段階　組織体はデータモデリングと設計，データストレージと操作，データセキュリティに関するノウハウを前提にデータベース機能を有するアプリケーションを購入する．システムを機能させるためにデータ統合と相互運用性にも取り組む．

第 2 段階　アプリケーションの使用を開始すると，データ品質に関する課題が見つかるが，より高品質のデータを取得するには信頼できるメタデータと一貫したデータアーキテクチャが必要となることを知る．これらにより，多様なシステムのデータがどのように連携するかが明確となる．

第 3 段階　データ品質，メタデータ，アーキテクチャの管理をきちんと実践するためには，データマネジメント活動に構造的なサポートを提供するデータガバナンスが必要であることを知る．データガバナンスにより，文書とコンテンツ管理，参照とマスタデータ管理，データウェアハウスとビジネスインテリジェンスといった戦略的イニシアティブの実行も可能となり，黄金のピラミッド内で高度なデータ分析が十二分に行えるようになる．

第 4 段階　組織体は適切に管理されたデータの利点を活用してデータ分析能力を向上させる．

　なお，文献[6]は DMBOK2 を参照しつつ DX（digital transformation）成功のために組織体が何を行えばよいのかを具体的に記しているので実務者の参考になるかもしれない．

 ## 2.3　DMBOK キーボード

　図2.1 に示された DMBOK2，いわゆる DAMA ホイールは，中核にデータガバナンスという知識領域がありそれを 10 個の知識領域が取り巻いているが，その 10 個の知識領域はスポーク状に配置されているので，そのどれもがお互いにデータマネジメントの知識体系の構成要素としては対等である．一方，図2.2 に示された DMBOK ピラミッドは，データベース管理に本質的な技術をベース

にしつつ，それを基にしてデータ分析基盤実現への道筋を DMBOK2 で与えられた 11 個の知識領域を用いて段階的に表現している．この 4 段階にわたる道筋は，データマネジメントを実現しようと取り組んでいる担当者にとって指針となるであろうことは間違いない．

　しかしながら，この DMBOK ピラミッドでも，筆者の抱いた「データマネジメントとデータベース管理は何が違うのか？」あるいは「データマネジメントとデータベース管理はどう関係しているのか？」という問への解答とは言い難い．なぜならば，両者の関係については何一つ言及されていないからである．

　では，この問題に対して単刀直入な解答は示せないのか？ これが示されれば，データ中心を掲げる組織体の DX 推進の現場に対して，データマネジメントを実現するためにはこれまで先達が営々と築き上げてきた DBMS 技術に加えて何にどのように注力すればよいのかが明確になり大いに役立つのではないかと考えられる．そこで，本節と次節ではそのような観点から DMBOK2 を再構成し，両者の関係を明らかにしてみる．

　まず，データガバナンスという知識領域はその定義から明らかにデータマネジメントに固有の知識領域である．次に，データアーキテクチャであるが，2.1節に説明したとおりデータ資産の管理・運用を規定する知識領域である．したがって，これはデータベースの管理・運用ではなくデータガバナンスの延長上にあり，データマネジメントに固有色の強い知識領域と考えてよいであろう．加えて，データ品質であるが，これはデータ資源というよりはデータ資産としての価値に直結している．したがって，それをいかに保証するかは DBMS ではなく，データスチュワードが活躍するべき領域と考えられる．言うまでもなく，品質の悪いデータ，たとえば，正しくないデータ，古いデータ，整合性のないデータ，あるいは信頼性のないデータなどを使ったデータ分析の結果に信用性はない．このように，データアーキテクチャとデータ品質はデータマネジメントに固有色の強い知識領域と考えられる．

　一方，データガバナンス，データアーキテクチャ，データ品質以外の 8 個の知識領域は元々はデータベース管理に固有の知識領域と考えられる．なぜならば，それらは ANSI/X3/SPARC が制定した DBMS の標準アーキテクチャで規定されている，組織体管理者（enterprise administrator），データベース管理者（database administrator），アプリケーションシステム管理者（application system administrator）の所掌事項に符合する知識領域であるからである．補足すれば，まず，メタデータ管理であるが，これは問合せ処理やトランザクション管理と並んでDBMSが持ち合わせないといけない3大機能の一つとして古くから認識され実装されてきた機能である．確かに，データマネジメントにとってメタデータ管理は部門横断的で多様なデータを統合管理する上でも，そしてデータが組織体の意思決定に役立つような形で構成されていることをデータガバナンスを介して保証するためにも，他の知識領域に比べて格段にデータマネジメントと組する大事な知識領域であることには間違いないが，データマネジメントに固有とは言い難い．続いて，データセキュリティであるが，DMBOK2の説明によればデータマネジメントに固有色の強い知識領域と読めるが，そもそもデータセキュリティも暗号化などDBMSの管理・運用技術として鋭意育まれてきた経緯があり，それはDBMS技術の延長線上で実現されるべき事項として捉えられるから，これもデータベース管理に固有の知識領域とした．残る6個の知識領域：データモデリングと設計，データストレージと運用，データ統合と相互運用性，文書とコンテンツ管理，参照とマスタデータ管理，データウェアハウスとビジネスインテリジェンスについては，いずれもデータベース管理の知識体系[2]に固有の知識領域と考えてよいであろう．なぜならば，それらはこれまでのDBMS構築（分散型DBMSを含む）の過程で鋭意育まれてきた知識領域であるからである．

　以上の議論から，データガバナンス以外の10個の知識領域が，データマネジメントに固有色が強いか，あるいはデータベース管理に固有かという旗色が鮮明となった．もちろん，データマネジメントにおいては10個の知識領域はその旗色を問わずいずれもがデータガバナンスによる統治の対象とならねばならない．これは，データ分析ではシステム的な要件に加えて，組織体のMVVに合致した資産としてのデータの管理が徹底されないといけないから当然のことである．

　上記の議論に基づきDMBOKを再構成した結果を図2.3に示す．その構造から，これを**DMBOKキーボード**（DMBOK keyboard）[3] と呼ぶ（キーボードは鍵盤の意）．

---

[2]ただし，データベース管理知識体系（DBMBOK）はまだどの機関からも公表されてはいない．

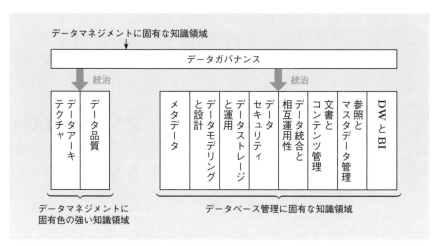

図2.3　DMBOK キーボード[3]

DMBOK キーボードの意味するところを，データマネジメントの実現，すなわちデータ分析基盤の構築に向けた観点からまとめると次のとおりである．

① 組織体内でデータガバナンスならびにデータスチュワードシップの体制を作り上げて（第3章），データアーキテクチャとデータ品質に求められるビジネス的ならびにシステム的要件をことごとく洗い出す作業を行う．そこで得られた結果は組織体のデータガバナンスのあり方を示していると考えられるが，このとき何を統治するのかに特に留意しなければならない．この作業ではデータ資産の同定とその運用法が主題となるが，そのためにはビジネス側とシステム側のスタッフ両者の共同作業が必然となる．

② 情報システム部門はこれまで培ってきた DBMS 構築に関する経験とノウハウを基に，データ分析基盤構築のためのメタデータ管理，データモデリングと設計，データストレージと運用，データセキュリティ，データ統合と相互運用性，文書とコンテンツ管理，参照とマスタデータ管理，データウェアハウスとビジネスインテリジェンスのあり方を検討し，それらを反映したデータ分析基盤の構築を推進する．

③ データ分析基盤が組織体の意思決定支援に役立つためには，その開発に①と②の協調作業（＝擦り合わせ）が必須であることは言うまでもなく，中でもメタデータ管理とそれに関連してデータ統合と相互運用性をどのよ

うに実現していくかには特に注力していく必要があろう．加えて，ビジネス側とシステム側双方に，いわゆる PDCA サイクル[3)]の実施を求めることになろう．その結果，データガバナンスとデータベース管理の融合が達成されるはずである．

2.4　データマネジメントとデータベース管理の関係性

さて，DMBOK キーボードを基にして，本書冒頭に掲げた素朴な疑問「データマネジメントとデータベース管理はどう関係しているのか？」について定式化できないかと考えた．その解は命題 2.1 に示すとおりである[\[3\]]．ここに，＜データマネジメント＞，＜データベース管理＞，＜データガバナンス＞はそれぞれデータマネジメント，データベース管理，データガバナンスという「概念」を表す．⊗ は概念融合を表す記号で，**概念融合**[4)]（conceptual blending）とは 2 つのメンタル・スペース（＝入力概念）に作用して第 3 のスペース（＝融合スペース，融合概念）が創発されるという認知言語学（cognitive linguistics）における一連の思考過程をいう[\[7\]]．融合スペースは，入力スペースからは与えられない創発構造（emergent structure）を持つ．これは互いに関連した次に示す 3 つのやり方（合成，完成，精緻化）で起こる．

- **合成**（composition）

    2 つの入力スペースからの投射が組み合わさることで，新たな関係が利用可能になる．

- **完成**（completion）

    入力スペースから融合スペースに投射された合成構造が，融合スペースのより大きな自足的構造の一部と見なせるようになる．

[3)]Plan（計画），Do（実行），Check（検証），Action（対策）からなる仮説と検証のサイクルを循環させて業務を継続的に改善していく手法のこと．

[4)]概念融合の身近な例としてよく引き合いに出されるのが「折る刃式カッターナイフ」*OLFA* の誕生エピソードである．戦後間もないころ，路上の靴職人たちは当時，靴底を削るのにガラスの破片を使い，切れ味が鈍るとまた割って使っていたという．その姿をみていた *OLFA* の創業者はふと，敗戦後，進駐軍の兵隊がかじっていた板チョコを思い出し，「そうだ，板チョコのように刃に折り筋を入れておき，切れなくなったら，ポキポキと折っていくと 1 枚の刃で何回も新しい刃が使えるぞ！」と折る刃式カッターナイフを発想したという（出典：https://www.olfa.co.jp/birth_of_olfa_cutter.html）．他に，Macintosh の desktop metaphor も概念融合の身近な例である．

● **精緻化**（elaboration）

　融合スペース内部で，それ自身の創発論理に従って行われる認知作業で，精緻化できる．

> **命題2.1**（データマネジメントとデータベース管理の関係性）　データマネジメントとデータベース管理の関係性について次式が成立する．ここに，⊗ は概念融合を表す．
>
> ＜データマネジメント＞＝＜データベース管理＞⊗＜データガバナンス＞

証明　（証明の概略）　＜データマネジメント＞は 図2.1 に示された計 11 個の知識領域からなる知識体系を表す概念である．一方，＜データベース管理＞ は 図2.3 に示されたように 8 個のデータベース管理に固有な知識領域からなる知識体系を表す概念であり，＜データガバナンス＞ はデータガバナンスという唯一の知識領域からなる知識体系を表す概念である．このとき，概念融合のもと，2 つの入力概念 ＜データベース管理＞ と ＜データガバナンス＞ に作用して，第 3 の融合概念（＝ 融合スペース）である ＜データマネジメント＞ が創発される．その様子を 図2.4 に

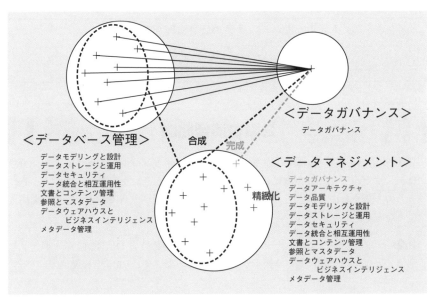

図2.4　概念融合による ＜データマネジメント＞ の創発[3]

示す.つまり,既存の 8 個の＜データベース管理＞に特有な知識領域は,それぞれが＜データガバナンス＞を構成する唯一の知識領域であるデータガバナンスと対応して融合概念である＜データマネジメント＞に投射されてそこでの知識領域として「合成」される.また,＜データガバナンス＞の知識領域であるデータガバナンスは＜データマネジメント＞に投影されて,融合概念である＜データマネジメント＞の知識領域として「完成」する.さらに,概念融合以前は潜在的であった「データアーキテクチャ」と「データ品質」という 2 つの知識領域が融合概念である＜データマネジメント＞で「精緻化」され創発される.その結果,計 10 個の知識領域をデータガバナンスという知識領域が統治するという新たな知識体系を表す概念である＜データマネジメント＞が融合概念として創発された.　　　　　　　　　　　　　　　　　　　　　　　　□

命題 2.1 の意義について加筆すると,DMBOK2 は,データマネジメントという知識体系はデータガバナンスという知識領域を中核として 10 個の知識領域がそれを取り囲むとしたが,なぜそのような構造として描けるのか,その理由については詳_{つまび}らかではなかったが,命題 2.1 はその疑問に答えている.

命題 2.1 をデータ資産とデータ資源の観点から表現し直すと次の系が成立しよう.　この命題の成立はこれまでの議論からほとんど明らかであろう.

系 2.1（データ資産管理とデータ資源管理の関係性）

＜データ資産管理＞＝＜データ資源管理＞ ＜データガバナンス＞

▌▌▌　2章の演習問題　▌▌▌

☐**2.1**　DAMA International が策定したデータマネジメントの知識体系 DMBOK2 はデータガバナンスを中核にして 10 個の知識領域がそれを取り囲んでいる.そのうちの 5 個を自由に選択してそれらの知識領域名と説明（各々数十字程度）を加えてみなさい.

☐**2.2**　データマネジメントとデータベース管理の関係性を DMBOK キーボードを念頭に置き,概念融合という観点から説明してみなさい.（300 字程度）

第3章
データガバナンスと
データスチュワードシップ

3.1　データガバナンス

　2.1 節で，データガバナンスという知識領域は「組織体のデータ資産の管理に対する権限，制御，共有の意思決定法（計画立案，監視，施行）の行使を規定する知識領域」であると紹介しているが，データガバナンスは組織体のかけがえのないデータ資産を組織体の価値観のもとで管理するというデータマネジメントの中核概念なので，その理解を深めるために DMBOK2[5] を参考にして，より具体的な説明を加えてみると次のようである．

- データガバナンスとは，データ資産の管理に対する権限と制御（計画立案，監視，施行）の行使をいう．

- データガバナンスを成功させるには，何を管理しているのか，誰が管理しているのかを明確に理解する必要がある．

- データガバナンスは，特定の部門に分離するのではなく部門横断的な取組みである場合に最も効果的である．

- 組織体の情報管理能力，成熟度，有効性の現状を説明する評価は，データガバナンスプログラムの計画立案に不可欠である．

- データガバナンスプログラムは，利益を特定して提供することにより，組織体に貢献する必要がある．

- データガバナンスの目標を達成するために，データガバナンスプログラムは，ポリシーと手順を策定し，組織体内の複数のレベル（ローカル，部門，および組織体全体）でデータスチュワードシップ活動を育成し，改善されたデータガバナンスの利点と必要な行動を組織体に積極的に伝える組織変更管理の取組みに関与する必要がある．

▍3.2　データスチュワードシップとデータスチュワード

データスチュワードシップ（data stewardship）とは資産としてのデータに関する監督と報告の責務をいう．この責務を遂行する者が**データスチュワード**（data steward）である．

この責務遂行にあたり，データを組織体の資産として活用するには，組織体の**カルチャ**（culture，文化）がデータとデータマネジメント活動を評価することを学ぶ必要があり，そのためには個々人の意識変革が必要である．このような土壌づくりの上で，データガバナンスプログラムが実施されることとなる．繰り返しになるが，データガバナンスとはデータを資源として管理することではなく，データを組織体の資産として管理することで組織体の意思決定に資するという概念である．そのためには，データガバナンス運営委員会，データガバナンス評議会，データガバナンスオフィス，データスチュワードシップチームなどを設置する必要がある．

さて，実際にデータガバナンスを推進するデータガバナンスオフィスにデータスチュワードが所属する．スチュワードとは管財人や執事を意味する用語であるので，データスチュワードは組織体内の様々なレベルでデータスチュワードとしての職責を全うするために活動している．その責務は次に示すような活動を含む．

- **主要なメタデータの作成と管理**
  ビジネス用語，有効なデータ値，およびその他の重要なメタデータの定義と管理を行う．
- **ルールと標準の文書化**
  ビジネスルール，データ標準，データ品質ルールの定義と文書化を行う．
- **データ品質の管理**
  データ品質を保証するための様々な活動を行う．
- **データガバナンスの実行**
  データガバナンスのポリシーと戦略が遵守されているか，責任を持って確認する．

データスチュワードにはその役割に応じ，最高（chief）データスチュワード，幹部（executive）データスチュワード，ビジネス機能全体にわたってデータド

メインを監視する企業（enterprise）データスチュワード，ビジネスの専門家でありデータの一部に責任を持つビジネスデータスチュワードなどの役職がある．

3.3 データガバナンスの対象

DMBOK2 を参照すると，データガバナンス自体を除く 10 個の知識領域がデータガバナンスの対象となる．より具体的にどのような項目が統治の対象となるのか見てみると次のようにまとめられよう．

データアーキテクチャ

① データのストレージと処理の要件を特定しているか

② 組織体の現在および長期的なデータ要件を満たす構造と計画を設計しているか

③ 組織体が製品，サービス，データを迅速に革新させ，新興テクノロジに内在するビジネスチャンスを活用できるように戦略的に準備しているか，など

データモデリングと設計

① 様々な視点の理解を確認および文書化することで，現在および将来のビジネス要件により密接に整合するアプリケーションに繋がり，マスタデータ管理やデータガバナンスプログラムなどの広範な取組みを正常に完了するための基盤を構築しているか，など

データストレージと運用

① データのライフサイクル全体を通してデータの可用性を管理しているか

② データ資源の一貫性を保証しているか

③ トランザクションのパフォーマンスを管理しているか，など

データセキュリティ

① 組織体のデータ資産への適切なアクセスを可能にし，不適切なアクセスを防止しているか

② プライバシ，保護，機密保持に関するすべての関連規制とポリシーを理解し遵守しているか

③ すべての利害関係者のプライバシと機密保持のニーズが守られ監査されるようになっているか，など

データ統合と相互運用性

① 規制を遵守することで，必要な形式と期間でデータの安全性が保証されているか

② 共有モデルとインタフェースを開発することで，ソリューション管理のコストと複雑さを軽減しているか

③ 意味のある事象（＝イベント）を特定し，アラートとアクションを自動的にトリガしているか

④ ビジネスインテリジェンス（BI），分析（analytics），マスタデータ管理，業務効率化の取組みをサポートしているか，など

文書とコンテンツ管理

① 記録管理に関する法的義務および顧客の期待に沿えているか

② 文書とコンテンツの効果的かつ効率的な保管，検索，利用を確保できているか

③ 構造化コンテンツと非構造化コンテンツ間の統合機能を確保しているか，など

参照とマスタデータ

① 組織体内のビジネスドメインやアプリケーションにデータ資産の共有が可能となっているか

② 調整され品質評価されたマスタおよび参照データの信頼できるデータソースを提供しているか

③ 標準，共通データモデル，統合パターンの使用によるコストと複雑さの削減が達成されているか，など

データウェアハウスとビジネスインテリジェンス

① 運用機能，コンプライアンス要件，およびビジネスインテリジェンス活動をサポートする統合データを提供するために必要な技術環境と技術およびビジネスプロセスが構築および維持されているか

② 知識労働者による効果的なビジネス分析と意思決定がサポートされ可能となっているか，など

メタデータ管理

① ビジネス用語とその使用法を組織体の誰もが理解できるようにしているか

② 様々なデータソースからメタデータを収集して統合できているか

③ メタデータにアクセスする標準的な方法を提供しているか

④ メタデータの品質とセキュリティを確保しているか，など

データ品質

① データがデータ利用者の要件に基づいた目的に合致するように統率のとれたアプローチが開発されているか

② データライフサイクルの一環として，データ品質管理の標準，要件，仕様が定義されているか

③ データ品質レベルを測定，監視，レポートするプロセスが定義され実装されているか

④ プロセスとシステムの改善を通じて，データ品質を向上させる機会が認識され提唱されているか，など

3.4　データガバナンス成熟度モデル

　データガバナンスが受け入れられれば，その結果，組織体はデータからより多くの価値が得られるデータ中心あるいはデータ駆動型の組織体に移行していけることになる．

　さて，組織体は様々な部門から成り立っている．たとえば，ある企業は人事部，財務部，営業部，マーケティング部，開発部，情報システム部などからなっていよう．このようなとき，たとえば，顧客データや商品データ，あるいは売上データの持ち方が部門によってまちまちであるかもしれないが，それでは全社的なデータ共有が難しいであろうことは想像に難くない．データマネジメントとはデータスチュワードのもとでデータ間に齟齬が無いように部門横断的な活動を行うことをいう．

　ただ，データは資産であり，それを活用できるか否かに自社の将来がかかっているといわれても，そのような意識の高い人もいれば低い人もいるし，高い部門もあれば低い部門もあろう．そのような問題を視覚化してデータマネジメントの推進を図ろうとするための尺度が提唱されている．それが**データガバナンス成熟度モデル**（data governance maturity model）であり，Gartner, Inc., IBM Corporation（以下，IBM），Oracle Corporation（以下，Oracle），スタン

フォード大学などから提案されている．いずれも大同小異であるので，ここでは Oracle の文書[8] を参考にしてそれを紹介する．データガバナンスは一朝一夕にして達成されるようなことはなく，段階を踏み徐々に成熟していく性質を有する．一般に 6 つの水準からなる．

【データガバナンスの成熟度モデル】

第1水準：無のレベル

- 正式なガバナンスプロセスは存在せず，データはアプリケーションの副産物である．

第2水準：初期レベル

- データに対する権限は IT 部門に存在するが，ビジネスプロセスに対する影響力は限定的である．
- ビジネスと IT のコラボレーションは一貫性がなく，各事業部門（line of business，LOB）のビジネスにおけるデータに精通した個人の推進者に大きく依存している．

第3水準：管理下レベル

- データの所有権とスチュワードシップが個々の事業部門で定義できる．
- 事業部門の主要なアプリケーションの周囲には大まかに定義されたプロセスが存在し，データの問題は通常，根本原因に系統的に対処することなく事後的に対処される．
- 標準化されたプロセスは事業部門間で初期段階にある．

第4水準：標準レベル

- ビジネスが関与し，部門横断的なチームが形成され，データスチュワードが明確な責任を負って明示的に任命されている．
- 標準化された一連の作業と一貫性が事業部門全体にわたって確立されている．
- データポリシーの一元化され容易にアクセスできるリポジトリが確立され，データ品質が定期的に監視および測定されている．

第5水準：上級レベル

- データガバナンスの組織構造が制度化され，すべての部門にわたってビジネスにとって重要なものと見なされている．
- ビジネスはデータコンテンツとデータポリシーの作成に対して完全な所有権を負っている．

- プロセスとメンテナンスの両者について定量的な品質目標が設定されている．

第6水準：最適化レベル

- データガバナンスはコアのビジネスプロセスであり，定量化可能な利益‒コスト‒リスク分析に基づいて意思決定が行われている．
- 組織体の定量的なプロセス改善目標がしっかりと確立され，変化するビジネス目標を反映して継続的に修正され，プロセス改善を管理する際の基準として使用されている．

3章の演習問題

☐ **3.1** データマネジメントの中核概念であるデータガバナンスとは「組織体のデータ資産の管理に対する権限，制御，共有の意思決定法（計画立案，監視，施行）の行使を規定すること」と定義されるが（DMBOK2），データガバナンスの目標を達成するために，データガバナンスプログラムはどのようなことに取り組む必要があるか，具体策を3つ挙げて簡単な説明を加えてみなさい．（各々，最大で数十字程度）

☐ **3.2** データスチュワードシップとデータスチュワードを要領よく説明してみなさい．（数十字程度）

第4章
データ分析基盤

4.1 データ分析基盤とは

　データ資産（data assets）は組織体の MVV（mission, vision, and value）により示された目標とするべきゴールに資する分析に役立って初めてその価値が認められる．データサイエンスの申し子であるデータサイエンティスト（data scientist）は組織体のデータ資産を駆使してデータ分析作業にあたり組織体の意思決定に役立つ知見を得ようとする．まずは，**データ分析**（data analytics）とは何なのか，それを確認しておきたい．

　そのためには，まず analytics と analysis の違いに注意しておく必要がある．共に邦訳すれば「分析」であるが，analytics とは「論理的分析の手法」（the method of logical analysis）とあり，一方，analysis とは「本質を理解したり，本質的な特徴を判断したりするために，複雑なものを詳細に調べること：徹底的な調査」（a detailed examination of anything complex in order to understand its nature or to determine its essential features: a thorough study）とある（出典：Merriam-Webster Dictionary. https://www.merriam-webster.com/dictionary/）．つまり，data analytics は data analysis と違い，機械学習，統計的手法，プログラミング，オペレーションズリサーチなど，あらゆる手法を駆使してデータを体系的に分析することをいう．その結果，データに秘められた意味のあるパターンの発見や解釈が可能となり，その新たな知見が組織体の意思決定に役立つことが期待される．

　このように，データサイエンティストは data analytics の意味でのデータ分析を行える者である．しかしながら，データ分析に係る分野ではデータサイエンティストに加えて，データエンジニアやデータアナリストといった職種分け

もなされているようである．それらの役割の違いや共通点についてごく簡単に
触れておくと次のようであろう．

データエンジニア　データ分析基盤の設計・開発・運用を担う者

データアナリスト　ビジネスインテリジェンス（business intelligence, BI）ツー
　　ルなどを用いてデータ分析基盤に格納されているデータを目的に合った形
　　で分析し可視化などを行える技能を有している者

データサイエンティスト　データアナリストの技能に加えて，分析のためのモ
　　デル構築ができて，分析した結果を組織体の意思決定にどのように活用す
　　るべきかを提案できる者

　ここでのデータアナリストとデータサイエンティストの違いは前述の data
analysis と data analytics の違いに符合しているが，データアナリストとデータ
サイエンティスト間の垣根は低いようで，両者の区別は付けづらいという指摘
も見受けられる．

　さて，データサイエンティストがデータ分析を行うにあたっては次に示すよ
うな作業が必要になる．

- どのようなデータを入力として用意するか
- どのような分析モデルを採用あるいは構築するか
- 組織体の意思決定に資する知見や洞察を得るための分析をどのようにして行
　うか
- 分析結果をどのように表現するか，など

　このようなデータサイエンティストの任務を支える情報システムが**データ分
析基盤**（data analytics framework），単にデータ基盤ということもある，である．

4.2　データ分析基盤の構成

　データ分析基盤の構成を図4.1に示す．図示されているように，データ分析
基盤はデータソースを文字通りデータ源として，データシンク（データ受信装
置）でそれらのデータを受信し，受信したデータをデータレイクに貯蔵し，そ
こからデータ分析に必要なデータを抽出してデータウェアハウスに格納し，さ
らに組織体の各部門のデータ分析要求（＝ユースケース）に応えられるように
データをデータマートに供給し，データサイエンティストはデータ分析プログ

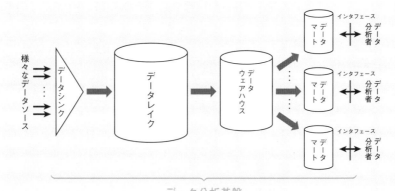

図4.1　データ分析基盤の構成

ラムや BI ツールなど様々なインタフェースを介して分析を行い組織体の意思決定に資すると考えられる結果を出力する.

　以下，これらの要素を掻い摘んで説明する．なお，本書の記述は往々にして理論的となるが，実践的な説明が文献[9]に詳しく，データ分析基盤の「つくり方」に関心のある読者の参考となろう.

4.3　データソースとデータシンク

■　データソースとその多様性

　データソース（data source）とは文字通りデータの源（＝ 出所）をいう．言うまでもなく，データは日々の人々の営み，組織体の活動，社会，自然界などから絶え間なく発生しているから，実に様々なデータソースが考えられる．たとえば，商品販売業者には営業部門，商品部門，販売促進部門などがあり，営業部門は顧客データや商品データや各店舗の売上データなどを，商品部門は商品の仕入値のデータや商品カタログなどのデータを，販売促進部門はキャンペーンデータなど実に様々なデータを発生していよう．まずは，データソースの多様性について幾つかの観点から整理してみる.

メディアの違いによる分類

　メディア（media, medium の複数形）とは実世界記述の記号系をいうが，データをメディアの違いで分類・整理すると次のようになろう.

- テキストデータ
- 静止画像データ
- 動画像データ
- 音データ
- 時系列データ，など

　テキストデータは文字・数値データと読み替えてもよい．時系列データとは，センサーからのデータ，トランザクションログ，Web サイトのクリックシーケンス，移動体やモバイルアプリケーションからの位置データ，など時間に対して継続的に発生してくるデータをいう．

構造化の観点からの分類

　データがどのように構造化されているかに着目すると次のように分類される．

- 構造化データ（structured data）
- 半構造化データ（semi-structured data）
- 非構造化データ（unstructured data）

　たとえば，リレーショナルデータベースではデータはリレーショナルデータモデルで定義される**リレーション**（relation）あるいは国際標準リレーショナルデータベース言語 SQL，以下 **SQL** と略記，の**表**（table）というあらかじめ決められたデータ格納構造に格納されるから構造化データの典型である．他に表計算ソフト Excel で作成した CSV（Comma-Separated Values）ファイルもそうである．

　XML ファイルや JSON ファイルは XML や JSON が文書の骨格は決めるものの，生成される文書には自由度があり（たとえば，文書は章–節–項の構造であると定義しても，章立てしかない文書もあればそうでない文書もあり，それらが混在するであろう）半構造データの典型である．他に，HTML ファイルもそうである．

　一方，テキストデータ，静止画像データ，動画像データ，音データ，あるいは（IoT のセンサーからの）時系列データなどは記号の羅列であるからそれらを（半）構造化することができないから非構造化データである．

　なお，データがリレーショナルデータベースとして組織化できる場合を構造化と称し，そうでない場合をすべて非構造化と分類することもある．

データモデルの観点からの分類

データを，データモデルあるいはデータ形式の観点から分類することも可能である．

- リレーショナルデータモデル
- オブジェクト指向データモデル
- キー・バリューデータモデル
- 列ファミリデータモデル
- 文書データモデル
- グラフデータモデル，など

XML文書やJSON文書は文書データモデルにより規定される．キー・バリューデータモデルや列ファミリデータモデルはビッグデータのためのデータモデルである．上記はデータモデルからの分類であるが，たとえばExcel文書はCSV形式のファイルである．

ビッグデータ

IoTやWebの興隆により**ビッグデータ**（big data）という用語は世の中に定着しているが，そもそもこの用語は2001年にGartner社のアナリストがe-コマース（e-commerce，電子商取引）時代に求められるデータ管理について，**3V**という概念を導入し，そこで導入された3つのVで始まる用語，つまりvolume（量），velocity（速度），variety（多様性）がビッグデータを規定する性質として広く受け入れられたことに端を発している．

より詳細は13.1節で述べるが，ここで，volume（量）について付言すれば，どれぐらいのデータ量でもって膨大というかについては，テラバイト（terabytes，1兆バイト），ペタバイト（petabytes，1000兆バイト），エクサバイト（exabytes，100京バイト）級のデータなどと唱える者もいるが，そのように定義されるべきものでもないであろう．大事なことは，絶対的な量もさることながら，ビッグデータでは通常なら異常値や外れ値（outlier）として排除されてしまうようなデータもそうしないで網羅的にデータが収集されていることに意味がある．ちなみに，統計学は標本としてスモールデータを扱う学問領域であり，通常，異常値や外れ値はノイズとして弾かれてしまい，重大な知見を発見できない可能性のあることに注意したい．たとえば，クレジットカードの不正利用の検知の仕組みは利用者パターンの変則性を見つけ出すことだから，不正利用をノイズとして弾いてしまった標本では見えず，全データを処理しないと検知できない．なお，ビッグデータの管理・運用の全般について興味を抱いた読者には拙著[1]を薦める．

オープンデータ

　これはデータの形式に係る分類ではないが，**オープンデータ**（open data）かそうでないかという分類もある．オープンデータは「国，地方公共団体及び事業者が保有する官民データのうち，国民誰もがインターネット等を通じて容易に利用（加工，編集，再配布等）できるよう，次のいずれの項目にも該当する形で公開されたデータ」と定義されている（総務省）．

1. 営利目的，非営利目的を問わず二次利用可能なルールが適用されたもの
2. 機械判読に適したもの
3. 無償で利用できるもの

　現在様々な組織体がオープンデータを提供しているので，データ分析に活用することができる．なお，オープンデータの対義語はクローズドデータである．

■　データシンク

　データシンク（data sink）とはデータの受信装置のことをいう．様々なデータソースからのデータを受信してそれをデータレイクに渡すデータ分析基盤の入り口にあたる機能である．上述のとおり，データソースは多種多様であるのでデータシンクでそれらを受信する方法も自ずと多種多様となる．つまり，データシンクを介してのデータ収集はデータソースごとに使い分けることが必然となる．たとえば，ファイルはファイル収集，オープンデータなどは公開されたAPI 経由，Web サイトの検索結果はスクレイピング，データベースは SQL 使用など，Web のアクセスログはエージェントを経由した収集，端末データは解析ツールの利用など，多岐を極めることとなる．なお，より具体的なデータ収集方法は文献[9]に詳しく，興味のある読者には一読を薦める．

■　**4.4　データレイク**

■　データレイクとは

　データレイク（data lake）という造語は J. Dixon によるという[10]．Dixonは，データウェアハウスにデータを格納しようとすると，データウェアハウスではあらかじめ決められたデータフォーマットに合わせてデータを入力しないといけないが，それがさらにデータ分析の仕方まで規定してしまう．これはOLAP（OnLine Analytical Processing）では問題ないが，IoT や Web からのビッグ

データでは，データを受け取った時点ではその価値は分からないので，データを一旦は大規模で安価なストレージベースで容易にアクセスできる倉庫で保管しておくべきだと提案した．それがデータレイクである．

　さて，データレイクとは文字通り「データの 湖（みずうみ）」の意味である．データ分析に必要なデータをデータソースからデータシンク経由で収集して保管しておくためのリポジトリ（repository，保管庫）である．データを収集する際に，データソースのデータに加工は施さないデータレイクは**生データ**（raw data）の巨大な貯蔵庫といえる．生データをそのまま保管するのは，何か問題があったときに，原点に立ち返ることができるからである．何らかの加工をしてしまうと，もしデータ分析結果に疑念が生じたとき，一体どこに問題があったのか，使用したデータに問題はなかったのか，それを突き止めることが困難となるからである．

■　データ品質

　さて，分析の基となるデータに問題があればデータ分析の結果に信用性はない．よく言われるように，"Garbage in, garbage out."（GIGO）である．したがって，データレイクのデータはその品質が保証されていることが望ましい．

　データ品質（data quality）とはデータが正しいこと，新鮮であること，データが整合していること，データに信頼性があることなどを意味する．たとえば，同じ用語が部門が異なると異なる意味で使われてしまっていては問題を生じる．卑近な例を挙げれば，「価格」という用語をある部門は「税込価格」の意味で，別の部門では「税抜き価格」の意味でそれを使っていたとすると，それらのデータを混用して価格に関する分析を行った結果は明らかに無意味である．

　ただ，データレイクは本来，データソースからの生データの貯蔵庫であるので，データには手を加えないのが原則である．したがって，上述のようなことが起こらないようにし，意味あるデータ分析を行いたいのであれば，これはこのような品質に問題のあるデータを排出してきた組織体そのものに問題があるわけだから，組織体は強力なデータガバナンスのもとで，そのようなことが発生しないようにデータアーキテクチャやデータ品質を統治していかねばならない．しかしながら，それでもデータ品質が100％保証されるという確約がとれないことも事実で，データがデータウェアハウスやデータマートでデータ分析に供された結果を見て初めてデータの誤りや不備に気が付く場合もあろう．そ

のときには，データレイクのデータには手を加えないことが原則であると先述したが，あえてデータレイクの生データの修正を行うのがよい．データ品質の保証は組織体のデータガバナンスに対する意識の問題が絡むので限界はあろうが，信頼性のあるデータ分析基盤を構築し，それを使って意思決定に役立つ分析結果を得るためには十二分に留意するべき事柄である．

■ データカタログ

データレイクを構築・管理する上で**データカタログ**（data catalog）を整備しておかねばならない．データカタログとは，平たくいえば，データレイクに格納されているデータの一覧表である．これはデータのデータ，すなわち**メタデータ**（meta data）ともいえる．データカタログは次のような項目を含む．

- どのようなデータが格納されているのか
- 誰がデータを作成したのか
- どのような形式でデータが格納されているのか
- どこにデータの複製があるのか
- 誰がデータに変更を加えたのか
- 誰がデータのアクセス権を有するのか，など

データカタログが不備だとデータ分析の根底が揺らぐこととなる．データカタログを整備することは，言うまでもなくデータ品質の保証にも繋がる．ちなみに，データリネージツール（data lineage tool）とはデータ間の繋がり（＝系統）を見るためのツールをいう．

■ データスワンプ

データ品質が保証されデータカタログが整備されたデータレイクはデータサイエンティスト，データアナリスト，そしてアドホック（ad hoc）なエンドユーザのデータ分析作業に資することができよう．半面，データ品質やデータカタログが不備なデータレイクは**データスワンプ**（data swamp，データの沼）となってしまう．ハマってしまうと脱出するのが難しい底なしの泥沼の様相を呈するということである．

■ データレイク向けのストレージサービス

データレイクには多様な生データがそのまま保存できて，安価で，信頼性に富み，かつ**スケーラビリティ**（scalability，拡張可能性）にも優れたストレージ

が求められる．従来，データレイクは**オンプレミス**[1]（on-premise）で構築され
てきたが，格納するべきデータ量が一般に時々刻々と増加することや，IoT や
Web の興隆によるビッグデータの格納要求などで，オンプレミスでは**高可用性**
（high availability，いつでも利用可能であること）やスケーラビリティを担保
することには限界があることが認識され，データレイクの構築をクラウドコン
ピューティングサービス，以下単に**クラウド**（cloud）という，に移行させる動
きとなっている．

　現在，データレイク向けのクラウドストレージサービスが幾つも世に出てい
る状況である．たとえば，Amazon Web Services, Inc.（以下 AWS）により提
供されている Amazon S3 は世界で多数のユーザがいるという．その特徴の一つ
は「99.999999999%（イレブンナイン）の**データ耐久性**（data durability）」で，
この意味は，0.000000001% のデータの平均年間予測消失率，たとえば1,000万
件のデータを 1 万年保存して 1 件失われるかどうかという耐久性をいう．また，
クラウドは自動的に複数のシステム間でデータの複製と保存が行われるという
冗長性のもとで高水準でのデータ保護と高可用性を提供し，スケーラビリティ
にも優れている．他に，Oracle の Oracle Cloud Infrastructure Object Storage
や Google LLC（Google 合同会社，以下，Google）の Cloud Storage があり，
いずれも上記と同様のデータ耐久性があると謳っている．また，Microsoft 社の
Azure Data Lake Storage では 99.99999999999999%（シックスティーンナイン）
のデータ耐久性を実現しているという．IBM は IBM Cloud Pak for Data を提
供している．これらの技術は今後益々発展し続けるであろう．もちろん，クラ
ウドサービスなので，自前でサーバやアプリケーションを調達する必要はない
が，それぞれ利用状況に応じて課金される．

---

[1] システムの運用に必要なソフトウェアおよびハードウェアを自社の施設内に保有して管理する運用形
　　態をいう．

4章の演習問題

□**4.1**　データアナリストとデータサイエンティスト間の垣根は低いようで，両者の区別は付けづらいという指摘も見受けられるが，あえて設問すれば，データアナリストの技能に加えてデータサイエンティストに求められる技能とは何か，その要点を述べてみなさい．（数十字程度）

□**4.2**　オープンデータは「国，地方公共団体及び事業者が保有する官民データのうち，国民誰もがインターネット等を通じて容易に利用（加工，編集，再配布等）できるよう，3つの項目のいずれにも該当する形で公開されたデータ」と定義されている（総務省）．3つの項目とは何か示してみなさい．（順不同，いずれも10〜30字程度）

□**4.3**　データ分析基盤を構成するデータレイクは生データの巨大な貯蔵庫といえる．では，なぜデータレイクではデータを生のまま保存することが勧められているのか？その理由を述べてみなさい．（百数十字程度）

□**4.4**　データレイク向けのクラウドストレージサービスが謳う，たとえば99.999999999％（イレブンナイン）のデータ耐久性とは一体どういうことか，説明してみなさい．（数十字程度）

第5章
データウェアハウス

5.1 データウェアハウスとデータマート

データウェアハウス

データウェアハウス（data warehouse, **DW**）の概念は古く，W. H. Inmon
が "Building the Data Warehouse" と題した書籍を出版しそれを提唱したのは
1992 年に遡り，同書の改訂第 4 版が 2005 年に出版されている[11]．その後，
Inmon らは 2021 年に "Building the Data Lakehouse" と題した書籍を出版し，
データレイクハウスは次世代のデータウェアハウスおよびデータレイクであり，
今日の複雑で変化し続ける分析，機械学習，およびデータサイエンスの要件を
満たすように設計されているとしている．

　さて，そもそも Inmon はデータウェアハウスを「データウェアハウスは経営
者の意思決定をサポートする，主題指向で，統合され，不揮発性で，時変とい
う性質を有するデータのコレクションである」と定義している．どういうこと
か，それら 4 つの性質を説明すれば次のとおりである．

(i) 主題指向

　実世界の写し絵としてのデータベースは，たとえばリレーショナルデータベー
スを例にすると，データベースはいわゆる基幹業務を想定して構築される．企
業であれば会計，販売，商品，顧客，在庫，購買，生産データなどが正規化さ
れたリレーションに格納され，リレーショナル DBMS によって管理されるであ
ろう．このようにアプリケーション指向の運用環境のもとで管理されるデータ
を**オペレーショナルデータ**（operational data）という．一方，データ分析の現
場では，リレーションは必ずしも正規化されている必要がなかったり，分析する

べき主題に合った形の**マテリアライズドビュー**[1]（materialized view）であって
もよいし，あるいは集約演算が施された結果としてのリレーションであっても
よい．このように，ユーザが実際にデータ分析を行おうとしたときには，データ
は必ずしもオペレーショナルデータベースに格納されている必要はなく，主題
に合った形で組織化されていればよく，それを**主題指向**（subject-oriented）と
いい，そのためのデータの格納庫がデータウェアハウスである．

(ii) 統合

　データは複数の異なるデータソースからデータウェアハウスに供給される．
供給されたデータは変換，再フォーマット，再順序付け，要約などが行われ[2]，
その結果，データはデータウェアハウスに保存されると単一の物理的な企業イ
メージを持つことになる．**統合**（integration）とはこのことをいい，データウェ
アハウスでは最も重要と考えられる．

(iii) 不揮発性

　通常，オペレーショナルデータは定期的にアクセスされ定期的に更新されるこ
とが一般的である．一方，データウェアハウスのデータは（一般的な意味では）
更新されない．もし，データの変更が発生すると，更新するのではなく，新しいス
ナップショットレコードを書き込むということであり，そうすることで，データ
の履歴記録がデータウェアハウスに保存される．これを**不揮発性**（non-volatile）
という．

(iv) 時変

　データウェアハウスの最後の顕著な特徴は，データウェアハウスが**時変**（time
variant）という性質を有していることである．場合によるが，レコードにタイ
ムスタンプが付与されたり，レコードがトランザクションの日付を持ったりす
る．こうすることで，どのような場合でも，レコードが正確である瞬間を示す
何らかの形式の時間マークが存在しているということである．

■ データマート

　部門横断的なデータ分析ではなく，部門ごとでその目的に合ったデータ分析
を行いたいとする要求があることは自然である．たとえば，家電量販店の販売

---

[1] ビュー（view）は定義だけで実体を伴わない構造物であるが，実体化（＝ 体現化）されたビューを
　マテリアライズドビューという．

[2] これが次節で述べる ETL である．

促進部門ではどういった顧客層にキャンペーンを打つと最も効果的か分析した
いだろう．**データマート**（data mart）はそのような要求に応えるためにある．
通常，データウェアハウスに格納されているデータの中から部門のデータ分析目
的に合った部分を切り出して分析に供される．したがって，データマートは**ユー
スケース**（use case）と 1 対 1 の関係にあるといえる．その結果，他の部門のこ
とを気にせずに自分たちのための分析モデルを構築でき，ユースケースごとに
データ管理ができているので過去の分析モデルの再利用が行い易く，またシス
テムの応答時間が早くなることに繋がる．多くの DW 製品がデータマートの機
能も提供していると謳っている．

　データウェアハウスやデータマートは BI ツール（5.3 節）が活躍するデータ
分析の最前線である．

5.2　ETL

　データウェアハウス（あるいはデータマート）でデータ分析を行うためには
データレイクからデータ分析に必要であろうと予想される様々なデータを抽出
してデータベースを構築しなければならない．しかしながら，データレイクに
格納されているデータは多種多様であるから，データレイクに貯蔵されている
データをデータウェアハウスが受け入れることのできる格納形式に変換しロー
ドすることが必要となる．その機能を **ETL** という．ETL とは extract（抽出），
transform（変換），load（読込）の頭字語で，その機能は次のようである．

Extract　一般にデータレイクにある複数のデータを抽出し統合することでデー
　　タウェアハウスが必要とするデータとするので，抽出の対象となったデータ
　　のフォーマットを解析して，データウェアハウスが必要としているフォー
　　マット，たとえば SQL の表（table）に変換・統一する．

Transform　抽出されたデータをデータウェアハウスにロードできるように変
　　換や加工を行う．たとえば，次のような処理である（出典：フリー百科事典『ウィ
　　キペディア』．https://ja.wikipedia.org/wiki/Extract/Transform/Load）．

　　● 特定の列（column，カラム）だけを選択する．

　　● 符号値の変換（たとえば，あるデータソースで男性を "1"，女性を "2" と
　　　　していて，データウェアハウスでは男性を "M"，女性を "F" としている

場合など）を自動データクレンジングと呼ぶ．ETL においては，手動での クレンジングは発生しない．

- 個人情報の秘匿（たとえば，住所・氏名・電話番号などを "*" などに変換する）
- 自由形式の値を符号化（たとえば，"男性" を "1" に，"Mr" を "M" にマッピングするなど）
- 新たに計算した値を導出（たとえば，「売上高 = 販売数 × 単価」といった計算）
- 複数のデータソースのデータの統合（マージなど）
- 複数行のデータの集約（たとえば，販売店ごとの総売上，地域ごとの総売上など）
- サロゲートキー（代理キー）値の生成
- 転置または回転（行と列の入れ替え）
- 列を複数の列に分割する（たとえば，CSV 形式で 1 つの列に複数の要素がある場合，それを分割して複数の列にする）．
- 単純または複合データの妥当性検証を任意の形式で適用する．規則設計と例外処理によって，そのデータを次のステップに渡すかどうかを決定する．上述の変換・加工の多くは，例外処理の一部として実行される（たとえば，ある位置のデータが期待した符号で解釈できない場合など）．

Load 　データをデータウェアハウスにロードする．このとき，データベーススキーマも共にロードする．

　前節で，データウェアハウスは主題指向であってデータウェアハウスは主題に見合ったデータベース構成をとると紹介した．後述するスタースキーマはその典型であり，その根幹をなすデータベース構成が多次元データベース（multi-dimensional database）である（第 12 章）．多次元データベースは通常のリレーショナルデータベースが SQL の表，すなわち 2 次元の構成物（construct）の集まりであるのに対して，文字通り多次元の構成物でありデータ分析の対象を様々な切り口で柔軟に分析することができる．データレイクから多次元データベースを構築するにあたっては，ETL はデータレイクのデータを多次元データベースの形式に変換してロードすることとなる．

5.3 BI

BI は business intelligence の頭字語である．Intelligence とは「ある企業，国などが，別の企業，国などについて取得できる秘密情報」の意であるから（出典：Cambridge Academic Content Dictionary. `https://dictionary.cambridge.org/ja/dictionary/english/intelligence`），BI の原義は「ビジネスに関して（自社のみならず）他社について取得できる秘密情報」ということになろう．そして，その意味するところは「組織体はより効果的に BI を分析し，それに基づいて行動することで利益を得ることができる」ということであろう．

　実際，知られている中で BI という用語の最も古い使用例は，Richard Millar Devens が著した "Cyclopaedia of Commercial and Business Anecdotes"（商業およびビジネス逸話の百科事典）（1865 年）で，Devens はこの用語を，銀行家の Henry Furnese 卿が競合他社に先駆けて周囲の情報を受け取り，それに基づいて行動することでどのように利益を得たかを説明するために使用したという（出典：Business intelligence. `https://en.wikipedia.org/wiki/Business_intelligence`）．

　つまり，BI は組織体がビジネス上の意思決定を行うために役立つであろうデータ分析結果を提供するための基本情報である．そのために，組織体は内部の情報システムや外部のデータソースからデータを収集し，分析のためのデータベースやデータセット[3]を準備し，分析モデルを構築し，分析のための問合せを発行し，データを視覚化し，BI を巧みに扱うことのできるツール（= **BI ツール**）を駆使し，レポートを作成し，分析結果をビジネスユーザが業務の意思決定に有効利用できるように行動する．

---

[3]データベースとデータセットの違いは第 11 章冒頭に記載しているが，それをデータ分析の観点から補足すれば，データベースは DBMS により管理されているので SQL のような DML を分析に使えるが，データセットは単なるデータの集合体なのでそれは使えず，分析ツールの導入やプログラミングが必要となる．

5.4 ビッグデータ分析のためのデータウェア ハウス構築

　データがそれほど大規模でなければ多次元データベースでデータウェアハウスを構築して問題ないが，ビッグデータがデータ分析の対象となった場合には，Hadoop（ハドゥープ）といったファイルの並列分散処理技術に基づいたデータウェアハウス構築がなされるのが一般的である．ここに，Hadoop は Apache ライセンスのもと，Google が開発した **MapReduce** をオープンソース化したフレームワークの名称である．ちなみに，MapReduce は GFS（Google file system）に格納されているビッグデータの処理をコンピュータクラスタの特性を生かしつつ，できるだけ高速に行えるようなプログラミングモデルである．関数プログラミングスタイルで書かれた MapReduce プログラムは，自動的に並列化され，コモディティサーバからなる巨大なクラスタ上で実行される．プログラムの実行を司（つかさど）る実行時システム（run-time system）は入力ファイルの分割法の詳細，マシン間にまたがるプログラム実行のスケジューリング，マシン障害発生時の対処法，必要なマシン間の通信の管理法などの面倒を見る．これにより，MapReduce プログラマは，並列性や分散型システムでのプログラミングの経験がなくても，数千台のマシンからなる巨大な Google クラスタ上のテラバイト，ペタバイト級のデータ処理を容易に記述することができる．ただし，MapReduce でのデータ処理はバッチ処理であり，オンライン処理ではないことに注意したい．

　さて，ビッグデータを念頭においたデータウェアハウス構築のために用いられるデータベースシステムは {オンプレミス, クラウド} × {Hadoop ベースの DW 製品, Hadoop ベースでない DW 製品} の組合せとして 4 つのカテゴリに分類でき，その中では費用対効果比などを考慮すると (クラウド, Hadoop ベースでない DW 製品) の組合せが主流であり，その代表格として AWS の AWS Redshift, GCP（Google Cloud Platform）の GCP BigQuery, Snowflake を挙げることができるという [9]．GCP BigQuery は Hadoop の生みの親である Google が Hadoop の欠点を克服して投入してきたクラウドサービスである．もちろん，オンプレミスでもデータウェアハウス向けのデータベースシステムは提供されているが，クラウドは初期費用が低くてスタートできることや，ビッグデータを対象にした場合，データウェアハウスのデータ量は大きくなり，場合によってはペタバイト

級のデータを効率的に処理しないといけないような事態も想定されるので，スケーラブルなクラウドサービスの利用はビッグデータ分析のためのデータウェアハウス構築に向いているというのがその理由である．

なお，Google の開発した GFS，MapReduce，Bigtable，BigQuery の詳細に興味のある読者には拙著[1]を薦める．

 5章の演習問題

5.1 データウェアハウスの概念は古く，W. H. Inmon がそれを提唱したのは 1992 年に遡る．Inmon はデータウェアハウスを「データウェアハウスは経営者の意思決定をサポートする，主題指向で，統合され，不揮発性で，時変という性質を有するデータのコレクションである」と定義したが，主題指向（subject-oriented）とはどういうことか，簡略に説明してみなさい．（100 字程度）

5.2 データレイクに格納されているデータは多種多様であるから，データレイクに貯蔵されているデータをデータウェアハウスが受け入れることのできる格納形式に変換しロードすることが必要となる．その機能を ETL という．次の設問に答えなさい．
(1) ETL とはどのような用語の頭字語か，答えなさい．
(2) ETL の T について，個人情報の秘匿を例にして説明してみなさい．（30 字程度）

5.3 BI とはどのような用語（英語）の頭字語か答えなさい．また，その意味するところを簡単に説明してみなさい．（100 字程度）

第6章
データベース

6.1 データベースとは

データベース（database）とはコンピュータ内に構築された実世界（the real world，我々が住んでいる世界）の写し絵である．換言すれば，実世界で起こっている様々な現象（phenomenon）や事象（event，出来事），たとえば，ある地点の何年何月何日正午の気温は何度だったかとか，あるスーパーマーケットで何時どのような商品が幾らで何個売れたかとかいったことを機械可読（＝機械判読可能，machine readable）な形でデータとしてコンピュータに格納し，多様なユーザのデータ操作やデータベースアプリケーションに供することができるように管理した「データの基地」である．

図6.1 に実世界とデータベースの関係を示す[1]．実世界での出来事を記述するためには，何らかの記号系（symbol system）が必要である．これを**データモデル**（data model）という．たとえば，松尾芭蕉が東北地方を紀行して最上川に差し掛かったとき，その情景を「五月雨をあつめて早し最上川」と詠ったが，俳句は「季語を含む五・七・五の定型詩」という決まりがある．これが俳句の場合の記号系であり，データベースでいえばデータモデルである．データモデルに基づいて実世界をデータベース化する過程を**データモデリング**（data modeling）という．現在使用されているプロプライエタリ（proprietary）あるいは OSS（open source software）のデータベースシステムに採用されているデータモデルの代表格はリレーショナルデータモデルである（第7章）．リレーショナルデータモデルに基づき構築されたデータベースを**リレーショナルデータベース**（relational database）という．

図6.1 でもう1つ注目するべきは，**データベース管理システム**（database

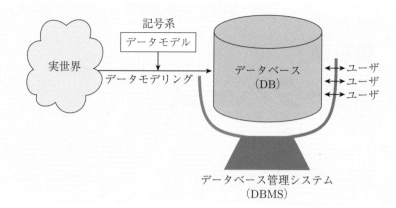

図6.1　実世界・データモデル・データベース・DBMS の関係

management system, **DBMS**) の存在である．実世界の写し絵であるデータ
ベースを作成しただけではデータを死蔵しているにすぎない．構築されたデー
タベースを利用したい者がいるはずである．また，実世界は時々刻々変化して
いくものであるから，データベースもそれを反映して時々刻々更新されていかね
ばならない．多数の利用者に同時にデータベースをアクセス可能とし，加えて，
データベースを常に実世界を反映した最新の正しい状態に保っていく，つまり
データベースの一貫性を保証する仕事をするのが DBMS である．PostgreSQL,
MySQL, Oracle Database, Db2, SQL Server といったシステム名を目や耳に
した読者もいるのではないかと思うが，それらはリレーショナルデータベースを
管理・運用するためのプロプライエタリあるいは OSS のリレーショナル DBMS
の製品名である．

　なお，ここで注意しておきたいことは，データベースという用語は往々にし
て 3 つの意味合いで使われていることである．

- コンテンツ（contents）としてのデータベース
- DBMS
- コンテンツとしてのデータベースとそれを管理する DBMS の総称

　以下，本書では，これら 3 つの異なる概念をできうる限り峻別するべく心掛
けるが，「データベース」という用語で上記 3 つの概念を含意するようにも使う．
まさしく，本章のタイトルはその意味で使っている．また，「データベースシス

テム」という用語があるが，これは DBSM を指している場合もあれば，コンテンツとしてのデータベースとそれを管理する DBMS の総称を意味している場合もある．

さらに，図6.1 に記載されている「ユーザ」について一言述べると，大別して 2 種類のユーザがいる．

- **エンドユーザ**（**end user**）　特定の業務をこなすといった使い方ではなく，たとえば「山田太郎の年齢は？」といったその場限りの質問をデータベースに発行してくるようなユーザである．**アドホックユーザ**（ad hoc user）ともいう．

- **アプリケーションプログラマ**　特定の業務，たとえば，社員の給与計算を社員データベースにアクセスしながら行うとか，売上分析を売上データベースにアクセスしながら計算するとか，いわゆるデータベースアプリケーションを作成してデータベースにアクセスしてくるユーザである．

6.2 ERモデル

実世界をデータモデル化する過程をデータモデリングというが，データモデリングは 2 段階からなる．

- 概念モデリング（conceptual modeling）
- 論理モデリング（logical modeling）

データモデリングの最初の段階が**概念モデリング**である．そこでは**概念モデル**（conceptual model）を用いて実世界のデータ構造が概念的に記述される．概念モデルの基本中の基本が**実体–関連モデル**（entity-relationship model，**ER モデル**）である．ER モデルを用いて実世界を記述すると**実体–関連図**（entity-relationship diagram，**ER 図**）が得られる．ただ，ER 図では DBMS で管理してもらえないので，概念モデリングに続いて**論理モデリング**が行われる．この段階で，**論理モデル**（logical model），たとえばリレーショナルデータモデル，を用いて ER 図はリレーショナル DBMS が管理可能なリレーショナルデータベーススキーマに変換される．ここに，**データベーススキーマ**（database schema）とは，データベースの論理構造を決める枠組みのことをいう．

本節では，以下，実体–関連モデルを説明するが，それは次の要素からなる．

- 実体型（entity type）
- 関連型（relationship type）
- 属性（attribute）

これらを「学生–科目–履修データベース」を構築したいとする例で説明する.

例 6.1（実世界の概念モデリング）　ある学校で学生が科目を履修している実世界をデータベース化して,「学生–科目–履修データベース」を構築したいとする. そのためには, まず, この実世界を ER モデルで記述する必要がある.

そのために, 学生や科目を**実体**（entity）として捉える. 一方, 履修を学生と科目の間の**関連**（relationship）として捉える. 実体や関連は**属性**を有してよい. たとえば, 学生は学籍番号, 氏名, 住所などの属性を持つであろう. 科目は科目名, 単位数などを属性として持つであろう. 実体を一意に識別できる属性にアンダーバーを引き**主キー**（primary key）であることを表す. たとえば, 学籍番号は学生の主キーであろう. もし主キーとなりうる属性が 2 個以上あれば（たとえば, 学籍番号の他にマイナンバー[1]が属性として定義されているとき）, データベース構築の目的を勘案して, それらのうちの 1 つを選択して主キーとする. 一方, 関連も属性を有してよく, たとえば, 学生が科目を履修したという関連では, 試験で何点取ったのかという「得点」がこの履修という関連の属性となろう.

さて, 実世界を概念的に把握するということの意味は, 個々の学生が個々の科目で何点取ったということを克明に記述することではなく, データベース化の対象となったこの実世界には「実体として学生がいる」,「実体として科目がある」,「関連として履修がある」という具合に実世界を抽象化して捉えるということである. それが学生を学生型として捉える**実体型**であり履修を履修型として捉える**関連型**である. つまり, 個々の学生や科目や履修は学生型や関連型の**インスタンス**（instance, 実例）であるとして捉える. これが, 実世界の概念モデリングである.

---

[1] マイナンバー（個人番号）はユニークなので「マイナンバーで学生を一意識別することもできますね」という意図で定義しているのであって, マイナンバーで学生の個人情報を取得しようという意図で定義しているわけではない.

その結果，図6.2 に示す学生–科目–履修データベース構築のための ER 図ができあがる．なお，図中の M と N は関連型 履修 が 2 つの実体型 学生 と 科目 の間の「多対多」の関連であることを表している（他に，1 対 1，1 対多，多対 1 という関連がある）．

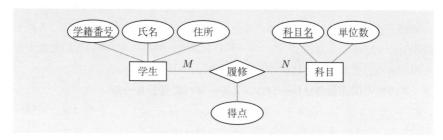

図6.2　学生–科目–履修データベース構築のための ER 図

なお，実世界を ER モデルで記述する仕方は一意ではない．しかしながらそれは問題ではなく，実世界の捉え方は一般に多様である．たとえば，図6.3 はある不動産屋が顧客と物件と契約をどのように捉えたかを示している．同図 (a) では顧客と物件を実体型と捉え，契約を関連型と捉えた結果得られた ER 図である．一方，同図 (b) は顧客と物件と契約を共に実体型と捉え，それらの間に契約者と契約物件という関連型があると捉えた結果得られた ER 図である．この違いは実世界をどのように概念的に把握したかの違いに起因しており，どちらが正しいとか間違っているとかいう問題ではない．いずれも正しいということに注意したい．

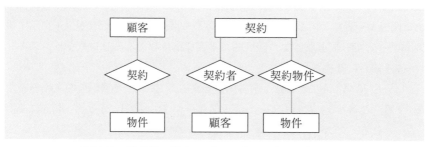

図6.3　実世界の概念モデリングは一意ではないこと

6.3 論理モデル

論理モデル（logical model）とは DBMS がサポートできるデータモデルをいう．たとえば，リレーショナル DBMS がサポートできる論理モデルはリレーショナルデータモデルである．

リレーショナルデータモデルについては後述するが（第7章），データベースを実働させるためには，概念モデルを構築しただけではまだ道半ばで，それを論理モデルに基づき DBMS がサポートできるデータベーススキーマに変換する必要がある．変換ルールは次のとおりである．

▮ 実体型と関連型のリレーションスキーマへの変換ルール

ER 図をリレーションスキーマに変換するルールを示すが，変換は極めて機械的である．なお，実体型と実体型の間の関連については，1対1，1対多，多対1，多対多の関係があることに注意する．たとえば，学生–履修–科目，ここに学生と科目は実体型で履修は関連型とすると，一般に1人の学生は複数の科目を履修するであろうし，1つの科目は複数の学生から履修されるであろうから，履修という関連型は多対多であるといえる．1対1の関連型としては，たとえば，日本国民とマイナンバーカードの所持の関連はそうであろうし，個人が所持するクレジットカードは，一般には何枚かのクレジットカードを所持してもよいが，一方で1枚のカードが複数人に発行されることなないから1対多であろう．逆に多対1は共同名義で購入したある物件の所有者といった関連型を挙げられよう．

さて，$E(\underline{K}, A_1, A_2, \ldots, A_m)$ は $K, A_1, A_2, \ldots, A_m$ が E の属性で，K が E の主キーである実体型を表し，$R(C_1, C_2, \ldots, C_p)$ は $C_1, C_2, \ldots, C_p$ が R の属性である関連型を表すとする．このとき，実体型や関連型はそれぞれが以下に示す規則 (1)〜(5) でリレーションの時間的に不変な構成物である**リレーションスキーマ**（7.1 節）に変換される．

(1) $E(\underline{K}, A_1, A_2, \ldots, A_m)$ を実体型とする．ここに，K は E の主キーとする．このとき，E はリレーションスキーマ $\boldsymbol{R}_E(\underline{K}, A_1, A_2, \ldots, A_m)$ に変換される．K が $\boldsymbol{R}_E$ の主キーとなる．

(2) $R(C_1, C_2, \ldots, C_p)$ を2つの実体型 $E_L(\underline{K}, A_1, A_2, \ldots, A_m)$ と $E_R(\underline{H}, B_1, B_2, \ldots, B_n)$ 間の「1対1関連型」とする．このとき，R はリレーション

スキーマ $\boldsymbol{R}_R(\underline{K}, H, C_1, C_2, \ldots, C_p)$ あるいは $\boldsymbol{R}'_R(K, \underline{H}, C_1, C_2, \ldots, C_p)$ に変換される. K あるいは H がそれぞれ $\boldsymbol{R}_R$ あるいは $\boldsymbol{R}'_R$ の主キーとなる（選択は自由）.

(3) $R(C_1, C_2, \ldots, C_p)$ を 2 つの実体型 $E_L(\underline{K}, A_1, A_2, \ldots, A_m)$ と $E_R(\underline{H}, B_1, B_2, \ldots, B_n)$ 間の「1 対多関連型」とする. このとき, R はリレーションスキーマ $\boldsymbol{R}_R(K, \underline{H}, C_1, C_2, \ldots, C_p)$ に変換される. H が $\boldsymbol{R}_R$ の主キーとなる.

(4) $R(C_1, C_2, \ldots, C_p)$ を 2 つの実体型 $E_L(\underline{K}, A_1, A_2, \ldots, A_m)$ と $E_R(\underline{H}, B_1, B_2, \ldots, B_n)$ 間の「多対 1 関連型」とする. このとき, R はリレーションスキーマ $\boldsymbol{R}_R(\underline{K}, H, C_1, C_2, \ldots, C_p)$ に変換される. K が $\boldsymbol{R}_R$ の主キーとなる.

(5) $R(C_1, C_2, \ldots, C_p)$ を 2 つの実体型 $E_L(\underline{K}, A_1, A_2, \ldots, A_m)$ と $E_R(\underline{H}, B_1, B_2, \ldots, B_n)$ の間の「多対多関連型」とする. このとき, R はリレーションスキーマ $\boldsymbol{R}_R(\underline{K}, \underline{H}, C_1, C_2, \ldots, C_p)$ に変換される. $\{K, H\}$ が $\boldsymbol{R}_R$ の主キーとなる.

なお, ER モデルにはリレーショナルデータモデルで導入されている候補キーや外部キーという概念（7.3 節）がないので, 変換は上述のとおりであるが, (2)～(5) においては $\boldsymbol{R}_R$ あるいは $\boldsymbol{R}'_R$ の K と H がそれぞれ $\boldsymbol{R}_{E_L}$ の主キー K と $\boldsymbol{R}_{E_R}$ の主キー H の外部キーとなっている.

上記の変換ルールにより ER 図をリレーショナルデータベーススキーマに変換する例を, 例 6.1 で得られた「学生–科目–履修データベース」構築のための ER 図を用いて次に示す.

例 6.2（学生–科目–履修データベース構築）　図6.2 に示した学生–科目–履修データベース構築のための ER 図を論理モデルであるリレーショナルデータモデルでリレーショナルデータベーススキーマに変換すると, 実体型である学生と科目はリレーションの時間的に不変な構造記述であるリレーションスキーマ *学生*(学籍番号, 氏名, 住所) と *科目*(科目名, 単位数) に変換され, 関連型である履修はリレーションスキーマ *履修*(学籍番号, 科目名, 得点) に変換される. ここに, アンダーラインは主キーを表す. これらの変換の様子を 図6.4 に示す.

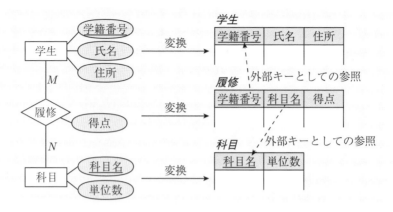

図6.4　ER 図のリレーションスキーマへの変換例

　なお，リレーショナルデータベース設計の現場では，概念データモデリングに，**UML**（Unified Modeling Language，統一モデリング言語）などが使われることが多いが，ER モデルはそれらの基礎となっている．

6.4　データベースとファイルの違い

　データを格納するための構成物としてファイルがあるが，データベースとは全く別物である．誤解のないように注意したいので一言述べる．

　どういうことかというと，歴史的にはデータはレコードの集まりであるファイル（file）として組織化されることから始まった．しかしながら，ファイルはアプリケーションプログラム中で宣言され，開かれ，使用され，そして閉じられる．すなわち，ファイルはアプリケーションプログラムに隷属したデータ群である．一方，データベースはデータをアプリケーションプログラム群から切り離し（＝独立させ），DBMS により統合管理される．その結果，データをデータベースで管理することにより，次のような恩恵にあずかれる．

(1)　データが多数のユーザから同時にアクセス可能な組織体の唯一無二の共有資源となっている．

(2)　データをファイルで管理すると，あるファイルでは「花子は二十歳」と記録されているが，別のファイルでは「花子は十九歳」と記録されていて，どちらが正しいのかという問題（データの不整合）が生じてしまう恐れが

ある．一方，データベースではデータは DBMS のもと一元管理されるので，そのような齟齬は起こりにくい．

(3) データベースではデータ操作言語，たとえばリレーショナルデータベースでは国際標準リレーショナルデータベース言語 SQL，がサポートされていてプログラミングすることなく容易に問合せやデータの更新などが行える．

このように，ファイルシステムとデータベースシステムの概念は根本的に異なる．データをファイル群として組織化することと，データベースとして組織化することの違いを 図6.5 に示す．

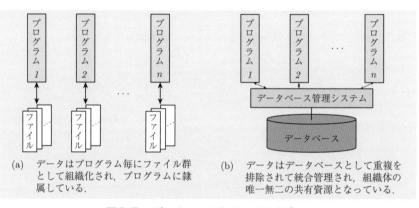

(a) データはプログラム毎にファイル群として組織化され，プログラムに隷属している．

(b) データはデータベースとして重複を排除されて統合管理され，組織体の唯一無二の共有資源となっている．

図6.5 データベースとファイルの違い

6章の演習問題

☐**6.1**　データベースという用語は往々にして3つの意味合いで使われているがどういうことか，簡単に説明してみなさい．（数十字程度）

☐**6.2**　次の文章の（ア）〜（オ）に入るべき用語は何か答えなさい．

『データモデリングは2段階からなる．まず，最初の段階は（ア）を用いて実世界のデータ構造を記述する．（ア）の基本中の基本が（イ）である．（イ）を用いて実世界を記述すると（ウ）が得られる．ただ，（ウ）では DBMS で管理してもらえないので，（ウ）を（エ），たとえばリレーショナルデータモデルを用いて DBMS が管理可能な（オ）に変換する』

☐**6.3**　下図は実体–関連図の一例を示している．次の問いに答えなさい．

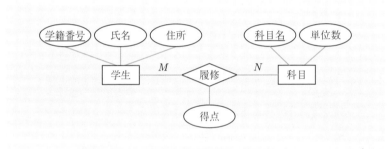

(1)　実体型である学生をリレーションスキーマに変換しなさい．
(2)　関連型である履修をリレーションスキーマに変換しなさい．

☐**6.4**　データをファイルではなくデータベースとして管理することによる利点を3つリストアップして説明してみなさい．（各々，数十字程度）

第7章
リレーショナル
データモデル

▌ 7.1　リレーショナルデータモデルとは

　リレーショナルデータモデルとはリレーショナルデータベースを構築するために用いられるデータモデルである.

　そもそもデータベースシステムは1960年代初頭から構築され始めたが, 当時はネットワークデータモデルやハイアラキカルデータモデルに基づいて構築されていたので, 一部のプロフェッショナルユーザにしかデータベースを構築したりデータを操作することができなかった.

　そのような欠点を克服し, 誰でもが容易にデータベースを構築できデータを操作できるようにしてソフトウェアの生産性を極限にまで向上させようと発想されたのが, 1970年に IBM San Jose 研究所 (現 IBM Almaden Research Center) の Edgar F. **Codd** により提案された**リレーショナルデータモデル** (relational data model) である[12].

　リレーショナルデータモデルは数学の**集合論** (set theory) に立脚した極めてフォーマルなデータモデルであって, 一言でいえば「データベースとはリレーションの集まりである」と定義したということである. ここに, リレーションとはデータを表 (table) 形式で表す構成物で, 同時に提案されたリレーショナル代数というデータ操作言語を用いることで, ユーザは平易にリレーショナルデータベースに対する質問 (query, ＝問合せ) を非手続的 (non-procedural) に書き下すことができる.

　リレーション (relation) を定義することから始める.

> **定義 7.1**（リレーションの定義）　$D_1, D_2, \ldots, D_n$ を有限個のドメイン
> とするとき，$D_1, D_2, \ldots, D_n$ 上のリレーション R とは，直積（direct
> product）$D_1 \times D_2 \times \cdots \times D_n$ の任意の有限部分集合をいう．つまり，
> $R \subseteq D_1 \times D_2 \times \cdots \times D_n$ と定義される．ここに，$\times$ は直積演算を，$\subseteq$ は
> 部分集合を表す．

ドメイン（domain，定義域）とは任意の集合である．有限集合でも無限集合
（元の数が無限の集合）でもよい．たとえば，人名の集合，給与値の集合，年齢
の集合，当用漢字のなす集合，正の整数のなす集合などはドメインである．ま
たプログラミング言語の様々なデータ型，たとえば，数値型では INTEGER，
NUMERIC，REAL など，文字型では CHAR(n)，VARCHAR(n)，TEXT，日
付／時間型では TIME，TIMESTAMP，INTERVAL など（で規定される値の
集合）はドメインである．また，R を有限部分集合としているのは，無限では
コンピュータに格納できないからである．

> **例 7.1**（リレーションの例）　$D_1 = \{1, 2\}$，$D_2 = \{a, b, c\}$，$D_3 = D_1$ を
> ドメインとするとき，$D_1 \times D_2 \times D_3$ は次のような 12（$= 2 \times 3 \times 2$）個
> の元からなる集合である．
>
> $$D_1 \times D_2 \times D_3 = \{(1,a,1),(1,a,2),(1,b,1),(1,b,2),(1,c,1),(1,c,2),$$
> $$(2,a,1),(2,a,2),(2,b,1),(2,b,2),(2,c,1),(2,c,2)\}$$
>
> このとき，たとえば $R = \{(1,a,1),(1,a,2),(2,b,1),(2,c,2)\}$ は $D_1 \times$
> $D_2 \times D_3$ の有限部分集合であるからリレーションである．

リレーション R の各要素を**タップル**（tuple）という．R のタップルの総数を
R の**濃度**（cardinality）という．例 7.1 では 4 である．リレーションが定義され
ているドメインの個数を**次数**（degree）という．例 7.1 では 3 である．

次数 1 のリレーションを単項（unary）リレーション，次数 $2, 3, \ldots, n$ のリ
レーションをそれぞれ 2 項（binary）リレーション，3 項（ternary）リレーショ
ン，$\ldots, n$ 項（n-ary）リレーション という．

■ リレーションの表としての表現

さて，リレーションはタップルの集合であるが，それを表
（table）として表すこともできる．上記の R を表で表現す
ると図7.1 のようになる．表の横の列（horizontal row）
を行（row）という．これはリレーションの1タップルにあ
たる．この例では4つの行があるが，行の並び順（つまり
$(1, a, 1)$ が $(1, a, 2)$ に先行しているといったようなこと）は
何の意味もないことに注意する．くどいが，リレーションは
（タップルの）集合だからで，集合は元（element）の集まり

1	a	1
1	a	2
2	b	1
2	c	2

図7.1
リレーション R
の表としての表現

にしかすぎないからである．また表の縦の列（vertical column）を列（column,
カラム）というが，それは左から数えて，1 番目，2 番目という具合に順番付
ける．この順番には意味がある．ドメインの並び順に対応しているからである．
リレーションのことを表ということも多いが，それは上記のような理由による．

■ ドメイン関数を用いたリレーションの定義

リレーション $R = \{t_1, t_2, \ldots, t_m\}$ は集合なので，タップル t_i の並び順には
意味がないが，タップルの縦の列の並び順はリレーションを定義したときのド
メインの並び順なので意味がある．そこで，それを順番で識別するのではなく，
ドメインに名前，それを**属性名**（attribute name）という，を付与して識別する
ことにする．たとえば，ドメイン D_i には（そのドメインの担っている意味を反
映するような）名前，これを A_i としよう，を付与することにする．そしてド**メ
イン関数** dom を導入して $\mathrm{dom}(A_i) = D_i$ であるとする．

定義7.2（ドメイン関数を用いたリレーションの定義）　属性 $A_1, A_2, \ldots, A_n$
とドメイン関数 dom が与えられたとき，リレーション $R(A_1, A_2, \ldots, A_n)$
は次のように定義される有限部分集合である．

$$R(A_1, A_2, \ldots, A_n) \subseteq \mathrm{dom}(A_1) \times \mathrm{dom}(A_2) \times \cdots \times \mathrm{dom}(A_n)$$

以下，リレーション $R(A_1, A_2, \ldots, A_n)$ の全属性集合を $\Omega_R = \{A_1, A_2, \ldots, A_n\}$
で表す．

属性とドメイン関数を使用したリレーションの定義の一例を次に示す．

例 7.2（リレーションの例）　データベース化したい実世界が，ある学校での学生と科目と履修であったとする．また，学生は学籍番号，氏名，住所を，科目は科目名と単位数を，履修は得点をそれぞれ属性として有しているとする．このとき，この学校で（過去・現在・未来で）使用される学籍番号の集合をドメイン dom(学籍番号) と定義する．同様に dom(氏名) などを定義する．このとき，リレーション 学生 (学籍番号, 氏名, 住所)，科目 (科目名, 単位数)，履修 (学籍番号, 科目名, 得点) を定義してみると，それらはドメインの直積の有限部分集合として次のように定義される．

$$学生 \subseteq dom(学籍番号) \times dom(氏名) \times dom(住所)$$

$$科目 \subseteq dom(科目名) \times dom(単位数)$$

$$履修 \subseteq dom(科目名) \times dom(学籍番号) \times dom(得点)$$

　具体的に，この学校には，学生が田中，鈴木，佐藤と 3 人いて，彼らの学籍番号は s1, s2, s3 であり，科目はデータベース，ネットワークと 2 つあり，それらの単位数はそれぞれ 2 であるとする．そして 4 つの履修，すなわち (データベース, s1, 80)，(データベース, s2, 100)，(ネットワーク, s2, 50)，(ネットワーク, s3, 70) があったとする．これらは，定義した 3 つのリレーションにデータとして挿入されて，図7.2 に示されるようなリレーショナルデータベースができあがる．

学生

学籍番号	氏名	住所
s1	田中	横浜
s2	鈴木	東京
s3	佐藤	横浜

科目

科目名	単位数
データベース	2
ネットワーク	2

履修

科目名	学籍番号	得点
データベース	s1	80
データベース	s2	100
ネットワーク	s2	50
ネットワーク	s3	70

図7.2　リレーショナルデータベースの例

■ リレーションスキーマとインスタンス

ここで，リレーションスキーマを導入し，かつリレーションとの関係に言及しておきたい．

リレーション 学生 (学籍番号, 氏名, 住所) があったとき，たとえば，学生が退学すればリレーション 学生 からその学生を表すタプルは削除されねばならない．この削除を行うことで，リレーションのタプル群と実世界での状況が一致してデータベースの一貫性が保証される．このように，学生が退学したり，編入学したりする時点でリレーション 学生 を構成するタプル群は時々刻々変化する．しかしながら，リレーション 学生 が学生の学籍番号，氏名，住所を表しているということ自体にはいささかの変化もない．

そこで，この違いを峻別するために，時変なリレーションに対して，時間的に変化しないこのリレーションの構造を**リレーションスキーマ**（relation schema）といい，一方，時変なリレーションはリレーションスキーマの**インスタンス**（instance）であると定義する．リレーションスキーマという概念を導入したことはとても意味のあることで，データを盛る器とコンテンツ（＝中身）を峻別したということである．つまり，リレーショナルデータベースを設計するとはリレーションスキーマ群を設計していくことである．決して具体的なデータが格納されたインスタンスとしてのリレーション群を作成することではない．

ここで，リレーションスキーマとそのインスタンスとしてのリレーションの間の関係についてフォーマルに記しておく．ここに，$R(A_1, A_2, \ldots, A_n)$ でリレーションスキーマを，$R(A_1, A_2, \ldots, A_n)$ で $R(A_1, A_2, \ldots, A_n)$ のインスタンスを表し，$\Leftrightarrow$ は必要かつ十分（if and only if）を表す．以下，リレーションスキーマ $R(A_1, A_2, \ldots, A_n)$ の全属性集合を $\Omega_R = \{A_1, A_2, \ldots, A_n\}$ で表す．

定義 7.3（リレーションスキーマとインスタンスの関係）

リレーションスキーマ R である性質 P が成り立つ

$\Leftrightarrow$ R のすべてのインスタンス R に対して P が成り立つ．

たとえば，リレーションスキーマ *学生*(学籍番号, 氏名, 住所) の属性 学籍番号 が主キーであるということは，*学生* のすべてのインスタンスであるリレーショ

ン 学生 (学籍番号, 氏名, 住所) において学籍番号が主キーである, つまり, 学籍番号を指定すると学生がただ一人同定され, かつリレーション 学生 のいかなるタップルも学籍番号が null（空）をとることはない, という主キーとしての条件を満たしているということである（キーとキー制約についてのより詳しい説明は 7.3 節）.

 ## 7.2　リレーショナル代数

リレーショナルデータベースに質問（query, 問合せ）を発行するとき, リレーショナルデータモデルでは**リレーショナル代数**（relational algebra）という**データ操作言語**（data manipulation language, **DML**）を用いる. 実際のリレーショナルデータベースに質問を発行するときには SQL を用いるが, その理論的根拠はリレーショナル代数にある. SQL は第 9〜12 章で紹介するが, ここでは, リレーショナル代数を見ておく.

リレーショナル代数は Codd によりリレーショナルデータモデルの提案時にデータ操作言語の 1 つとして提案された. それは次に示す 8 つの演算からなる. それらは 4 つの集合演算と 4 つのリレーショナル代数に特有の演算に分類できる.

4 つの集合演算

- 和集合演算（∪）
- 差集合演算（−）
- 共通集合演算（∩）
- 直積演算（×）

4 つのリレーショナル代数に特有の演算

- 射影演算（π）
- 選択演算（σ）
- 結合演算（⋈）
- 商演算（÷）

定義 7.4（リレーショナル代数演算の定義）
和集合, 差集合, 共通集合演算

　2 つのリレーション $R(A_1, A_2, \ldots, A_n)$ と $S(B_1, B_2, \ldots, B_m)$ が和両立, すなわち $n = m \land (\forall i)(\mathrm{dom}(A_i) = \mathrm{dom}(B_i))$ が成立しているとき, R と S の**和集合, 差集合, 共通集合**, それぞれ $R \cup S$, $R - S$, $R \cap S$ と書く, は次のように定義される. ここに, $t \in R$ は t が R のタップルであることを, $\lor, \land, \lnot$ はそれぞれ論理和, 論理積, 論理否定を表す.

$$R \cup S = \{t \mid t \in R \lor t \in S\}$$
$$R - S = \{t \mid t \in R \land \lnot t \in S\}$$
$$R \cap S = \{t \mid t \in R \land t \in S\}$$

直積演算

R と S の**直積**，$R \times S$ と書く，は次のように定義される．ここに，(u,v) は $u = (a_1, a_2, \ldots, a_n)$，$v = (b_1, b_2, \ldots, b_m)$ としたとき，$(u,v) = (a_1, a_2, \ldots, a_n, b_1, b_2, \ldots, b_m)$ と定義される[1]．

$$R \times S = \{(u,v) \mid u \in R \land v \in S\}$$

射影演算

リレーション $R(A_1, A_2, \ldots, A_n) = \{t_1, t_2, \ldots, t_p\}$ とするとき，R の属性集合 $Z = \{A_{1'}, A_{2'}, \ldots, A_{m'}\}$，ここに $m \leqq n$，上の**射影**，$R[Z]$，あるいは関数的に $\pi_Z(R)$ と書く，は次のように定義される．ここに，$t = (a_1, a_2, \ldots, a_n)$ とするとき，$t[Z] = (a_{1'}, a_{2'}, \ldots, a_{m'})$ と定義される．

$$R[Z] = \{t[Z] \mid t \in R\}, \quad \text{あるいは}$$
$$\pi_Z(R) = \{t[Z] \mid t \in R\}$$

選択演算

リレーション $R(A_1, A_2, \ldots, A_n) = \{t_1, t_2, \ldots, t_p\}$ とするとき，R の属性 A_i と A_j 上の **θ-選択**，$R[A_i \, \theta \, A_j]$，あるいは関数的に $\sigma_{A_i \theta A_j}(R)$ と書く，は次のように定義される．ここに，θ は比較演算子で，$=, \neq, <, >, \leqq, \geqq$ のいずれかであり，A_i と A_j は比較可能，つまり，任意の $t \in R$ に対して命題 $t[A_i] \, \theta \, t[A_j]$ の真偽が常に決まるとする．なお，θ が $=, \neq, <, >, \leqq, \geqq$ に対応して，等号選択，不等号選択，小なり選択，大なり選択，以下選択，以上選択と呼ぶ．

$$R[A_i \, \theta \, A_j] = \{t \mid t \in R \land t[A_i] \, \theta \, t[A_j]\}, \quad \text{あるいは}$$
$$\sigma_{A_i \theta A_j}(R) = \{t \mid t \in R \land t[A_i] \, \theta \, t[A_j]\}$$

---

[1] 数学的厳密さを追求すると，$(u,v) = ((a_1, a_2, \ldots, a_n), (b_1, b_2, \ldots, b_m))$ という 2 項のタップルとなってしまうが，リレーショナル代数では，ここに定義したように $n + m$ 項のタップルと定義する．この意味で，Codd は拡張直積演算（expanded direct product operation）と呼んだが，現在は単に直積演算と呼ぶことが多い．

　なお, 本来, θ-選択, $R[A_i\ \theta\ A_j]$ の A_i や A_j は R の属性でなければなら
ないが, 便宜的に A_i や A_j の一方が定数 (constant) であってもよいと定義
を緩めることができる. これは定数リレーション $C(B) = \{c\}$, ここに c は
定数とする, を導入すると, $R[A_i\ \theta\ c] = ((R{\times}C)[A_i\ \theta\ c])[A_1, A_2, \ldots, A_n]$
と書けるからである.

結合演算

　リレーション $R(A_1, A_2, \ldots, A_n)$ と $S(B_1, B_2, \ldots, B_m)$ の A_i と B_j 上
の **θ-結合**, $R[A_i\ \theta\ B_j]S$, あるいは $R \bowtie_{Ai\,\theta\,Bj} S$ と書く, は次のように
定義される. ここに, $R.A_i$ と $S.B_j$ は A_i が R の属性であることと B_j
が S の属性であることを明示的に表した書き方であり (これを**ドット記
法** (dot notation) という), 両者は比較可能とする.

$$R[A_i\ \theta\ B_j]S = (R \times S)[R.A_i\ \theta\ S.B_j], \quad \text{あるいは}$$

$$R \bowtie_{Ai\,\theta\,Bj} S = \sigma_{R.Ai\,\theta\,S.Bj}(R \times S)$$

　θ が = のとき**等結合** (equi-join) と呼ぶ. 等結合演算と射影演算を使っ
て, リレーション $R(X, Y)$ と $S(Y, Z)$, ここに $X \cap Z = \phi$ (空集合) と
する, の**自然結合** (natural join), $R * S$, あるいは $R \bowtie S$ と書く, が
次のように定義される.

$$R * S = (R[R.Y = S.Y]S)[X, R.Y, Z], \quad \text{あるいは}$$

$$R \bowtie S = \pi_{\{X, R.Y, Z\}}(R \bowtie_{R.Y=S.Y} S)$$

　なお, 属性が **null** (空) をとる, つまり, 属性にとるべき値がない,
ことを許して, **外部結合** (outer-join) 演算が定義できるが, それは SQL
と絡めて 10.2 節で紹介する.

商演算

　リレーション $R(A_1, A_2, \ldots, A_{n-m}, B_1, B_2, \ldots, B_m)$ の $S(B_1,$
$B_2, \ldots, B_m)$ による**商**, $R \div S$ と書く, は次のように定義される.

$$R \div S = R[A_1, A_2, \ldots, A_{n-m}]$$
$$- ((R[A_1, A_2, \ldots, A_{n-m}] \times S) - R)[A_1, A_2, \ldots, A_{n-m}],$$

あるいは

$$R \div S = \pi_{\{A1,A2,\dots,An-m\}} R$$
$$- \pi_{\{A1,A2,\dots,An-m\}} ((\pi_{\{A1,A2,\dots,An-m\}} R \times S) - R)$$

なお,商と名付けている理由は $(R \times S) \div S = R$ となるからである.

例 7.3 (リレーショナル代数演算の例)

和集合,差集合演算の例

たとえば,$\mathrm{dom}(A) = \mathrm{dom}(B) = \mathrm{integer}$ として,単項リレーション R と S を $R(A) = \{1,2,3,4\}$,$S(B) = \{3,4,5,6\}$ としたとき,$R \cup S = \{1,2,3,4,5,6\}$,$R - S = \{1,2\}$,$R \cap S = \{3,4\}$ である.ここで,$R \cup S$ に 3, 4 が 2 度現れないことに注意したい.リレーションは集合なので元の重複を許さないからである.

直積演算の例

たとえば,R と S を上記のとおりとしたとき,$R \times S = \{(1,3),$ $(1,4),\ (1,5),\ (1,6),\ (2,3),\ (2,4),\ (2,5),\ (2,6),\ (3,3),\ (3,4),\ (3,5),$ $(3,6), (4,3), (4,4), (4,5), (4,6)\}$ となる.

射影演算の例

たとえば,リレーション 商品 (商品 id, 仕入値, 売値) としたとき,商品とその仕入値だけのデータは次の射影演算で求められる.

商品 [商品 id, 仕入値], あるいは

$\pi_{\{商品\ id,\ 仕入値\}}(商品)$

選択演算の例

たとえば,リレーション 商品 (商品 id, 仕入値, 売値) としたとき,原価割れの商品は次の選択演算で求められる.

商品 [仕入値 > 売値], あるいは

$\sigma_{仕入値>売値}(商品)$

なお,前述のように選択演算 $R[A_i\ \theta\ A_j]$ の A_i や A_j の一方が定数であってもよいと定義を緩めると,たとえばリレーション 社員 (社員 id, 氏名, 給与) から給与が 50 以上の社員を次のように求めることができる.

社員 [給与 $\geqq$ 50]，あるいは

$$\sigma_{給与 \geqq 50}(給与)$$

結合演算の例

　たとえば，リレーションを $R(A, B) = \{(1,1), (1,2), (2,1)\}$，$S(B, C) = \{(1,1), (2,2)\}$ としたとき，R と S の B 上の等結合は次のようになる．

$$R[R.B = S.B]S = \{(1,1,1,1), (1,2,2,2), (2,1,1,1)\}，\text{あるいは}$$

$$R \bowtie_{R.B=S.B} S = \{(1,1,1,1), (1,2,2,2), (2,1,1,1)\}$$

商演算の例

　たとえば，リレーションを $R(A, B) = \{(1,1), (1,2), (2,1)\}$，$S(B) = \{1, 2\}$ としたとき，$R \div S$ は次のようになる．

$$R \div S = \{(1)\}$$

■　リレーショナル代数表現

　リレーションにリレーショナル代数演算を施した結果がまたリレーションになるという性質に着目すると，リレーショナル代数演算を再帰的に適用して様々な質問を書き下すことができる．そのようにして得られる質問を**リレーショナル代数表現**（relational algebra expression）といい，その定義は次のように与えられる（本来はリレーショナル代数表現と書くべきところを簡略して表現と記している）．ここに，**実リレーション**（base relation）とはリレーショナルデータベースに格納されているリレーションのことをいう．

定義 7.5（リレーショナル代数表現）

(1)　リレーショナルデータベースの実リレーション R は表現である．

(2)　R と S を和両立な表現とするとき，$R \cup S$，$R - S$，$R \cap S$ は表現である．

(4)　R と S を表現とするとき，$R \times S$ は表現である．

(5)　R を表現とするとき，$R[Z]$（あるいは $\pi_Z(R)$）は表現である．ここに Z は R の属性集合である．

(6) R を表現とするとき $R[A_i \, \theta \, A_j]$ (あるいは $\sigma_{Ai\theta Aj}(R)$) は表現である. ここに A_i と A_j は R の属性で θ-比較可能とする.

(7) R と S を表現とするとき $R[A_i \, \theta \, B_j]S$ (あるいは, $R \bowtie_{Ai\theta Bj} S$) は表現である. ここに, $R.A_i$ と $S.B_j$ は θ-比較可能とする.

(8) R と S を表現とするとき $R \div S$ は表現である. ここに, $R(A_1, A_2, \ldots, A_{n-m}, B_1, B_2, \ldots, B_m), S(B_1, B_2, \ldots, B_m)$ である.

(9) 以上の定義によって得られた表現のみがリレーショナル代数表現である.

なお, リレーショナル代数表現で様々な質問を書き下せることは章末問題で確かめることとする.

7.3 キーとキー制約

リレーションスキーマとリレーションとの概念の峻別ができると, リレーションスキーマにキー (key) を定義できる. ここに, キーとはリレーションのタップルを一意識別できる属性の組をいう. ただし, 注意しないといけないことは, ある時点でのリレーションでそのような性質が成り立つということではなく, いかなる時点でもそうでなければならないという制約が課せられているということとである. つまり, 「キーとはリレーションスキーマに対して定義される概念」である (定義 7.3 の説明で述べたとおり). キーには候補キー, 主キー, スーパーキー, 外部キーなどがある.

定義 7.6(候補キーの定義) リレーションスキーマ $\boldsymbol{R}(A_1, A_2, \ldots, A_n)$ の属性集合 K ($\subseteq \Omega_{\boldsymbol{R}}$) が $\boldsymbol{R}$ の**候補キー** (candidate key) であるとは次の2つの条件が成立するときをいう. ここに, $R \in \boldsymbol{R}$ は R がリレーションスキーマ $\boldsymbol{R}$ のインスタンスであることを表し, $\subset$ は真部分集合を表す.

(1) $(\forall R \in \boldsymbol{R})(\forall t, t' \in R)(t[K] = t'[K] \Rightarrow t = t')$

(2) K のいかなる真部分集合 H ($H \subset K$) に対しても (1) が成立しない.

この定義の条件 (1) を満たす $\boldsymbol{R}$ の属性集合はスーパーキー (super key) とい

われる．リレーションは集合なので，リレーションを構成するタップルに同一タップルはないから，少なくとも全属性の組はスーパーキーである．したがって，Rに候補キーが無いことはない．

一般に，リレーションスキーマには候補キーが複数存在することがある．たとえば，リレーションスキーマ **社員**(社員 id, 氏名, 所属, 給与, 上司, マイナンバー)では，社員 id もマイナンバーも共に，タップルの一意識別能力を有するから，共に候補キーである．このような場合，どちらかを（データベース構築の目的を勘案して）**主キー**（primary key）とする．もちろん，候補キーが1つしかなければそれが主キーである．なお，いずれかの候補キーに含まれる属性を**キー属性**，それ以外の属性を**非キー属性**という．また，主キーであるか，そうとは指名されなかった単なる候補キーかを区別せず，それらを総称して単に**キー**ということも多い．また，必要に応じて属性が主キーを構成していることをアンダーラインを引いて示す．SQL で主キーと候補キーを定義した具体例は例 9.1（9.2 節）に見られる．

なお，候補キーはリレーションスキーマ R に所与の関数従属性の集合 F_R が指定されると求めることができる（7.4 節）．

ここで，候補キーのママであることと，主キーとされたこととの間の差異について述べておく．これを**キー制約**というが，この制約は次節で見るリレーションの正規化で重要な役割を演じる．

定義 7.7（キー制約）　$K\,(\subseteq \Omega_R)$ をリレーションスキーマ $R(A_1, A_2, \ldots, A_n)$ の主キーとするとき，次が成立しなければならない．これを**キー制約**（key constraint）という．ここに，$t[A] \neq$ null は $t[A]$ がとるべき値が dom(A) にないということはない，つまり null であってはいけないことを表す．

$$(\forall R \in R)(\forall t \in R)(\forall A \in K)(t[A] \neq \text{null})$$

キー制約は主キーに対して課される制約であって，候補キーには課されない．したがって，上記のリレーションスキーマ **社員**(社員 id, 氏名, 所属, 給与, 上司, マイナンバー)では，社員 id が主キーとされたからには常に非空でなければならないが，マイナンバーは単に候補キーであるだけなので，null であっても構わない．

主キーに関連して**外部キー**（foreign key）が定義できる．主キーが他のリレーションスキーマの属性（集合）として現れるとき，その属性（集合）を外部キーという．たとえば，リレーションスキーマ[2]*社員*(社員 id, 氏名, 給与, 所属) と*部門*(部門 id, 部門名, 部門長) があったとき，*部門*の属性である部門長は*社員*の主キーである社員 id の外部キーであり，*社員*の属性である所属は*部門*の主キーである部門 id の外部キーである．外部キーを設定することにより，たとえばリレーション 部門 の部門長にはリレーション 社員 の社員 id 列に出現した値しか出現することを許されず，この制約を**外部キー制約**（foreign key constraint）という．外部キーは ER 図をリレーションスキーマに変換する際に現れた（6.3節）．SQL による外部キーの定義例は図9.2（9.2 節）に示す．

 ## 7.4 リレーションの正規化

Codd が導入したリレーションには 1 つ根本的な制約が課せられている．それは，リレーションは第 1 正規形でなければならないということである．

> **定義 7.8**（第 1 正規形）　リレーションスキーマ $R(A_1, A_2, \ldots, A_n)$ が第 **1 正規形**（the first normal form, **1NF**）であるとは，各ドメイン $\mathrm{dom}(A_i)$ が**シンプル**（simple）であるときをいう．ここに，ドメインがシンプルとは，それが単なる数値や文字列の集合であるときをいう．

たとえば，リレーション 社員 (社員 id, 氏名, 所属, 給与, 上司, マイナンバー) の属性である氏名が，山田太郎という値をとることには問題ないが，親切心で姓と名を分離して 2 項のペア (山田, 太郎) を値とするのはダメということである．なぜならば，(山田, 太郎) 自体が $\mathrm{dom}(姓) \times \mathrm{dom}(名)$ の元，すなわちリレーションとなってしまうので[3]，このような属性値を認めるとリレーションの中にまたリレーションが入り込むという入れ子の構造を許すことになり，リレーショナルデータモデルが大変複雑で難解となってしまうからである．第 1 正規形の導入は Codd の卓見によるものである．

---

[2] スキーマタ（schemata）はスキーマ（schema）の複数形である．

[3] 厳密には (山田, 太郎) ではなく {(山田, 太郎)} と表現するべきであるが，一般に S を集合とするとき，$a \in S \Leftrightarrow \{a\} \subseteq S$ であるので同一視した．

■　更新時異状の発生

しかしながら，リレーションは第 1 正規形であるだけでは，それを更新しようとすると好ましくない現象が発生してしまう．これを**更新時異状**（update anomaly）という．一例を挙げると次のようである．

例 7.4（更新時異状の発生）

　ある商店のリレーションスキーマ **注文**(顧客 id, 商品 id, 注文金額, 単価)のインスタンス 注文 を下記のとおりとする．ここに，{顧客 id, 商品 id}が **注文** の主キーである．

注文

顧客 id	商品 id	注文金額	単価
c1	g1	100	10
c1	g2	200	20
c2	g3	120	30
c3	g1	80	10

このとき，次のような更新時異状が見られる．

(1)　タップル挿入時異状

　　新しい商品 g4 が発売になり，その単価が 20 であることが分かった．リレーション 注文 には商品 id と単価という属性が定義されているので，タップル (null, g4, null, 20) を挿入してその情報をキープしようとしたが，顧客 id が null であるのでキー制約に抵触し，このタップルの挿入は許されない．仕方なく，この情報は注文が入るまで，紙にでも書いてどこかに貼っておくしかない．

(2)　タップル削除時異状

　　顧客 id が c2 の顧客の注文が取り消されたので，タップル (c2, g3, 120, 30) をリレーション 注文 から削除した．この削除に問題はない．しかしながら，g3 を注文してくれていた顧客は c2 だけだったので，このタップルの削除と共に，g3 の単価が 30 であるというデータをリレーション 注文 に残しておくことはできない．キー制約に抵触するからである．つまり，このデータを残すためには

タップル (null, g3, null, 30) をリレーション 注文 に挿入しなければ
ならないが，それはキー制約に抵触するので許されない.

(3) タップル修正時異状

　顧客 id = c2，商品 id = g3 の注文 (c2, g3, 120, 30) が注文 (c2,
g2, 120, 20) に変更になった. この変更に伴い，タップルをそのよ
うに修正することに問題はないが，g3 の単価が 30 であるという
データをリレーション 注文 に残しておくことはキー制約に抵触す
るので許されない.

　さて，もし，この商店が上記のリレーション 注文 の代わりに次に示す 2 つの
リレーションを作成していたら，更新時異状にはどのような変化が見られるで
あろうか？

注文_{new}

顧客 id	商品 id	注文金額
c1	g1	100
c1	g2	200
c2	g3	120
c3	g1	80

商品

商品 id	単価
g1	10
g2	20
g3	30

　そこで，更新時異状をチェックしてみる.

　まず，(1) のタップル挿入時異状であるが，タップル (g4, 20) をリレーション
商品 に挿入すればよいので異状は発生しない. (2) の削除時異状はリレーショ
ン 注文_{new} から タップル (c2, g3, 120) を削除するが，(g3, 30) はリレーション
商品 に残っているので異状は発生しない. (3) のタップル修正時異状は，リレー
ション 注文_{new} の タップル (c2, g3, 120) が 注文 (c2, g2, 120) に修正されるが，
(g3, 30) はリレーション 商品 に残っているので異状は発生しない.

　このようにリレーションを再構成することで，更新時異状を解消することが
できる. この再構成はリレーションを**正規化**（normalization）することで達成
できるのだが，では，リレーションの正規化とは一体どのような概念なのであ
ろうか？ それを説明するが，そのためには関数従属性という概念を理解してお
く必要があるので，それを述べることから始める.

■　**関数従属性**

定義 7.9（関数従属性）　リレーションスキーマ R の属性集合を X, Y と
するとき，**関数従属性**（functional dependency）$X \to Y$ が存在すると
は，次が成立するときをいう．

$$(\forall R \in \mathbf{R})(\forall t, t' \in R)(t[X] = t'[X] \Rightarrow t[Y] = t'[Y])$$

　たとえば，リレーションスキーマ **注文**(顧客 id, 商品 id, 注文金額, 単価) に関
数従属性 商品 id $\to$ 単価 が存在するとは，**注文** のいかなるインスタンス（＝リ
レーション 注文）においても 商品 id の値が等しいタップル同士の単価の値は
等しくなければならないという制約を謳っている．

　関数従属性はリレーションスキーマタの策定時に設計者により指定される．
それを**所与の関数従属性**（given functional dependency）という．

　一般に，リレーションスキーマ R に所与の関数従属性の集合 F_R が指定され
ると，それを基にして様々な関数従属性を導出することができる．たとえば，
リレーションスキーマ **注文**(顧客 id, 商品 id, 注文金額, 単価) に所与の関数従属
性の集合 $F_{注文} = \{\{$顧客 id, 商品 id$\} \to$ 注文金額, 商品 id $\to$ 単価$\}$ が指定され
ている場合，$F_{注文}$ にはない関数従属性 $\{$顧客 id, 商品 id$\} \to$ 単価 を導出できる
（例題 7.1）．

　では，リレーションスキーマ R に所与の関数従属性集合 $F_R = \{f_1, f_2, \ldots, f_p\}$
が与えられたとき，F_R から導出される関数従属性はどのようにして求められる
のであろうか？

　この問題に関しては，**Armstrong の公理系**が知られている．つまり，F_R に
下に示す A1, A2, A3 というルールを可能な限り適用していけば，リレーション
スキーマ R で成立するすべての関数従属性を過不足なく得ることができる．

定義 7.10（Armstrong の公理系）
　A1.　X を属性集合，Y を X の部分集合とするなら $X \to Y$ である
　　　（reflexive rule，反射律）．
　A2.　$X \to Y$ かつ，Z を任意の属性集合とすると，$X \cup Z \to Y \cup Z$
　　　である（augmentation rule，添加律）．

A3.　$X \to Y$ かつ $Y \to Z$ なら $X \to Z$ である（transitive rule, 推移律）.

【例題 7.1】（関数従属性の導出）　リレーションスキーマ **注文**(顧客 id, 商品 id, 注文金額, 単価) に所与の関数従属性集合を $F_{\text{注文}} = \{f_1, f_2\}$ とする.

$$f_1: \quad \{\text{顧客 id}, \text{商品 id}\} \to \text{注文金額}^{4)}$$

$$f_2: \quad \text{商品 id} \to \text{単価}$$

このとき, $\{\text{顧客 id}, \text{商品 id}\} \to$ 単価 が導出されることを Armstrong の公理系を用いて証明せよ.

証明
1. $\{\text{顧客 id}, \text{商品 id}\} \to$ 商品 id　　（反射律）
2. 商品 id $\to$ 単価　　（所与）
3. $\{\text{顧客 id}, \text{商品 id}\} \to$ 単価　　（1 と 2 と推移律）

次に, 完全関数従属性と推移的関数従属性という概念を定義しておく.

定義 7.11（完全関数従属性）　$X \to Y$ をリレーションスキーマ **R** の関数従属性とするとき, $X \to Y$ が**完全関数従属性**であるとは次が成立するときをいう.

$$(X \to Y) \wedge ((\forall Z \subset X)\neg(Z \to Y))$$

例 7.5（完全関数従属性ではない例）　リレーションスキーマ **注文** (顧客 id, 商品 id, 注文金額, 単価) に所与の関数従属性集合を例題 7.1 で与えたとおりとする. このとき, 導出された関数従属性 $\{\text{顧客 id}, \text{商品 id}\} \to$ 単価 は完全関数従属性ではない. なぜならば, 単価は属性集合 $\{\text{顧客 id}, \text{商品 id}\}$ の真部分集合である商品 id に関数従属しているからである.

---

4) 厳密には, $\{\text{顧客 id}, \text{商品 id}\} \to \{\text{注文金額}\}$ と書かねばならないが, $\{\text{注文金額}\}$ のような単集合 (singleton) については $\{~\}$（波括弧）を外して表記している. 他も同様.

> **定義 7.12**（推移的関数従属性）　$X \to Y$ と $Y \to Z$ をリレーションス
> キーマ R の関数従属性とするとき，Armstrong の公理系の A3（推移則）
> により成立する関数従属性 $X \to Z$ を**推移的関数従属性**という．ここに，
> $Y \to X$ ではないとする．

　$Y \to X$ ではないという条件は，もし $Y \to X$ であれば $Y \leftrightarrow X$ となり，遷移
的である意味がなくなるから課されている．

> **例 7.6**（推移的関数従属性）　リレーションスキーマ **商店**(商店 id, 住所, 郵
> 便番号) では 商店 id → 住所，住所 → 郵便番号 であるが，一般に 住
> 所 → 商店 id ではないので，商店 id → 郵便番号 は推移的関数従属性で
> ある．

　なお，先に定義 7.6 で候補キーの定義を与えたが，ここで，キーと関数従属性
の関係について言及しておくと次のとおりである．

> **定義 7.13**（関数従属性を用いた候補キーの定義）　リレーションスキー
> マ $R(A_1, A_2, \ldots, A_n)$ の属性集合 K（$\subseteq \Omega_R$）が R の**候補キー**である
> は次の 2 つの条件が成立するときをいう．
> 　(1)　$K \to \Omega_R$
> 　(2)　K のいかなる真部分集合 H（$H \subset K$）に対しても (1) が成立し
> 　　　ない．

　前節で候補キーはリレーションスキーマ $R(A_1, A_2, \ldots, A_n)$ に所与の関数従
属性の集合 F_R が指定されると求めることができると述べたが，それを定義 7.13
に則りつつ，より具体的に，何でもよいので候補キーを 1 つ見つけるという問
題で説明すると次のようである．まず，$\Omega_R = \{A_1, A_2, \ldots, A_n\}$ の各属性につ
いて $A_i \to \Omega_R$ かどうかを Armstrong の公理系を適用して検証する．そのよう
な属性が見つかればそれが候補キーである．そのような属性が見つからなけれ
ば，Ω_R の任意の 2 個の属性集合 $\{A_i, A_j\}$ について $\{A_i, A_j\} \to \Omega_R$ かどうか
検証する．そのような属性集合が見つかればそれが候補キーである．そのよう
な属性集合が見つからなければ Ω_R の任意の 3 個の属性集合について同様な検
証を繰り返す．前節で $\Omega_R = \{A_1, A_2, \ldots, A_n\}$ は R のスーパーキーであると注

意したが，よって上記の操作で候補キーが見つからないということはない.

　このような操作の結果，リレーションスキーマ *注文*(顧客 id, 商品 id, 注文金額, 単価) に所与の関数従属性集合 $F_{注文}$ が指定された場合，その唯一の候補キー，従って主キー，が {顧客 id, 商品 id} であることが導かれる（例 7.4 はこの状況を想定している）．なお，候補キーを求める問題に興味のある読者には拙著[4]を薦める.

■ 関数従属性によるリレーションの情報無損失分解

　例 7.4 で見たようにリレーション 注文 (顧客 id, 商品 id, 注文金額, 単価) で発生した更新時異状は，それに代わりリレーション 注文$_{new}$ と 商品 という 2 つのリレーションを作成してそこにデータを格納するようにすると，更新時異状は解消されていることを見た．ここでは，その理論的根拠を関数従属性を用いたリレーションスキーマの情報無損失分解という観点から示す[1].

> **命題 7.1**（リレーションスキーマの情報無損失分解）　X, Y をリレーションスキーマ R の属性集合とするとき，もし関数従属性 $X \rightarrow Y$ が成立していれば，R は $R[\Omega_R - X]$ と $R[X \cup Y]$ に情報無損失分解される．ここに，**情報無損失分解** (information lossless decomposition) とは $R[\Omega_R - X] * R[X \cup Y] = R$ が成立することをいう.

■ 第 2 正規形

　さて，例 7.4 で示したリレーション 注文 (顧客 id, 商品 id, 注文金額, 単価) で発生した更新時異状とその解消策に話を戻す.

　まず，なぜリレーション 注文 で更新時異状が発生するのかについては，理論的には「リレーション 注文 は第 1 正規形ではあったが，第 2 正規形ではなかったから更新時異状が発生した」と規定される．では，リレーション（スキーマ）が第 2 正規形であるとはどのような条件を満たしているときなのであろうか，その定義は次のとおりである.

定義 7.14（第 2 正規形）　リレーションスキーマ R が**第 2 正規形**（the second normal form, **2NF**）であるとは次の 2 つの条件が成立するときをいう.

(1)　R は第 1 正規形である.

(2)　R のすべての非キー属性は R の各候補キーに完全関数従属している.

例 7.7（第 2 正規形）　例 7.4 のリレーションスキーマ **注文** の主キーは {顧客 id, 商品 id} なので, {顧客 id, 商品 id} → 注文金額, {顧客 id, 商品 id} → 単価 が成立することは当然なのだが, 例 7.5 で示したとおり, 単価は商品 id に関数従属している（商品 id → 単価）. つまり, リレーション 注文 の非キー属性は注文金額と単価であるが, 単価が主キーである {顧客 id, 商品 id} に完全関数従属していなかったので, 第 2 正規形ではなかったということになる.

　そこで, リレーションスキーマ **注文**(顧客 id, 商品 id, 注文金額, 単価) で成立している 商品 id → 単価 という関数従属性を使って **注文** を **注文**[顧客 id, 商品 id, 注文金額] と **注文**[商品 id, 単価] に分解すれば, これは命題 7.1 により情報無損失分解である. このとき, 例 7.4 で示したリレーション 注文$_\text{new}$ と 商品 はそれぞれリレーションスキーマ **注文**$_\text{new}$ = **注文**[顧客 id, 商品 id, 注文金額] と **商品** = **注文**[商品 id, 単価] のインスタンスであったことが分かる. つまり, 注文 = 注文$_\text{new}$ * **商品** であり, またリレーションスキーマ **注文**$_\text{new}$ や **商品** は第 2 正規形になっている.

■　第 3 正規形

　リレーションは第 2 正規形に正規化しただけではやはり更新時異状が発生してしまい, それを解消するにはリレーションは第 3 正規形に情報無損失分解されねばならない. ちなみに, リレーションスキーマが第 3 正規形であることの定義は次のとおりである.

> **定義 7.15**（第 3 正規形）　リレーションスキーマ **R** が**第 3 正規形**（the third normal form, **3NF**）であるとは次の 2 つの条件が成立するときをいう.
>
> (1)　**R** は第 2 正規形である.
>
> (2)　**R** のすべての非キー属性は **R** のいかなる候補キーにも推移的に関数従属していない.

> **例 7.8**（第 3 正規形）　例 7.6 で与えたリレーションスキーマ **商店**(商店 id, 住所, 郵便番号) は第 2 正規形ではあるが, 商店 id → 住所 → 郵便番号という推移的関数従属性が存在するので第 3 正規形ではない. このとき, たとえば, 東京都千代田区の郵便番号は 100-1000 であるというデータをリレーション 商店 に格納しようとすると, タップル (null, 東京都千代田区, 100-1000) を挿入しなければならないが, これはキー制約に抵触するので受け付けられない（タップル挿入時異状）. 例示はしないが, タップル削除時異状やタップル修正時異状も同様に発生する.
>
> 　一方, リレーションスキーマ **商店** をそこで成立している 住所 → 郵便番号 で情報無損失分解すると, **商店**[商店 id, 住所] と **商店**[住所, 郵便番号] が得られるが, このように分解すると上記の更新時異状はもはや発生せず, またこれらは第 3 正規形になっている.

　リレーションの正規化理論は第 3 正規形に止まらず, リレーションは第 3 正規形であっても更新時異状が発生し, それを解消するにはリレーションはボイス–コッド正規形（Boyce-Codd normal form, BCNF）に正規化されなければならない. しかし, リレーションはボイス–コッド正規形でも更新時異状が発生し, それを解消するには多値従属性という概念を用いて第 4 正規形（the fourth normal form, 4NF）に正規化しなければならない. さらに, リレーションは第 4 正規形でも更新時異状が発生し, それを解消するには結合従属性という概念を持ち込んで第 5 正規形（the fifth normal form, 5NF）に情報無損失分解することが求められる. このように, 更新時異状を解消するにはリレーションの高次の正規化が必要となるが, リレーションの情報無損失分解はリレーションを射影して, それらの結果を自然結合して元のリレーションが再合成できるかと

いう観点からなされているので，結合従属性で規定される第 5 正規形が打ち止めであり第 6 正規形という概念はない．

　一方，データベース設計の現場では，リレーションをあまり高次に正規化するとリレーションが細分化されてしまい，実際に使用するときには逆にリレーションの結合が必要となるために，質問処理の効率などを考えると，一定の更新時異状の発生は覚悟した上で，「リレーションの正規化は第 3 正規形に止める」のが一般的である．

　なお，リレーションの正規化理論のより詳しい展開に興味のある読者には拙著 [1] を薦めたい．

7章の演習問題

□**7.1** リレーション 学生 (氏名, 大学名, 住所) と アルバイト (氏名, 会社名, 給与) が あるとする. 次の質問をリレーショナル代数表現で表しなさい.

(1) 池袋に住んでいる令和大生の氏名を求めなさい.

(2) 令和大生がアルバイトをしている会社名を求めなさい.

(3) A 商事でアルバイトをしていて給与が 50 以上の学生の氏名と大学名を求めなさい.

□**7.2** リレーション 製品 (製品 id, 製品名, 単価) と, 製品を作っている工場の状況 を表すリレーション 工場 (工場 id, 製品 id, 生産量, 所在地), および製品を保管して いる倉庫の状況を表すリレーション 在庫 (倉庫 id, 製品 id, 在庫量, 所在地), が定義 されているとする. 次の質問をリレーショナル代数表現で表しなさい.

(1) 単価が 100 以上である製品の製品 id と製品名を求めなさい.

(2) テレビ（製品名）を 10 以上生産している工場の工場 id と所在地を求めなさい.

(3) 札幌にある倉庫に在庫量が 5 未満の製品の製品名とそれを生産している工場 id を求めなさい.

□**7.3** リレーション 商品 (商品 id, 商品名, 価格) と 納品 (商品 id, 顧客 id, 納品数量) は下に示すとおりとする. 次の問いに答えなさい.

(1) リレーション 商品 と 納品 を商品 id で自然結合した結果リレーションを示し なさい.

(2) リレーション 商品 と 納品 を商品 id 上で左外部結合した結果リレーションを 示しなさい.

(左外部結合は定義 10.1（第 10 章）で与えられている.)

商品

商品 id	商品名	価格
g1	ボールペン	150
g2	消しゴム	80
g3	クリップ	200

納品

商品 id	顧客 id	納品数量
g1	c1	10
g1	c2	30
g2	c2	20
g2	c3	40

第8章
データベース管理システム

8.1 データベース管理システムとは

　データベースを管理するソフトウェアをデータベース管理システム（database management system, **DBMS**）という．DBMS はミドルウェアとして開発され，大別すると次に示す 3 つの機能を有する．
- メタデータ管理（metadata management）
- 質問処理（query processing）
- トランザクション管理（transaction management）

■　メタデータ管理

　メタデータ管理とはその名が示すように，「データのデータ」を管理することをいい，大別すると 2 つの目的を有する．1 つは，ユーザに対してであり，エンドユーザにしろアプリケーションプログラマにしろ，仕事をするにあたりデータベースに一体どのようなデータがどのようなリレーションに格納されているのか，それを知らないでデータベースを利用することはできないので，メタデータにアクセスしてそれを知るためである．もう 1 つは，DBMS そのものに対してであり，DBMS がユーザからの質問を処理するにしろトランザクションを処理するにしろ，DBMS が管理しているデータがどのようなデータであるのか，つまり，メタデータを知らずしては何もできないので，そのためにあるということである．

■　質問処理

　質問処理は文字通り，ユーザが発するアドホック（ad hoc）な質問やアプリケーションプログラムが要求するデータベースに対する質問を処理する機能である．特にリレーショナル DBMS では，リレーショナルデータモデルが極め

てフォーマルでハイレベルであり，国際標準リレーショナルデータベース言語 SQL による問合せは非手続的に書き下されるから，それをリレーションが実装 されているファイルレベルの手続的なコードにいかにして最適変換することが できるかがシステムの優劣を支配する極めて大事な仕事になる．ここに，最適 変換とは最速で結果を返せることをいい，また SQL が非手続的であるとは，問 合せを発行するにあたり，「何が欲しいのか」（what）だけを記述すればよく， 「どのようにして所望のデータをアクセスするか」（how）という手続きは（リ レーショナル DBMS が行ってくれるので）ユーザは書かなくてよいという意味 である．

■ トランザクション管理

トランザクション（transaction）とは DBMS に対するアプリケーションレベ ルの仕事の単位（a unit of work）である．換言すれば，トランザクションとは データベースをある一貫した，つまり，実世界をきちんと写し込んだ状態から次 の一貫した状態に遷移させるデータベースへの仕事の単位のことをいう．たと えば，銀行間の振替送金トランザクションは依頼人の口座から送金額が引き出 され，その金額が受取人の口座に振り込まれて初めて完遂した，つまり，データ ベースは振替送金前の一貫した状態から振替送金が完了したあとの一貫した状 態に遷移した，ということである．換言すれば，依頼人の口座から送金額が引き 出されたが，それが受取人の口座に振り込まれないような状態は，データベー スとしては一貫していないということである．したがって，トランザクション は完遂か未遂かの状態しかとりえない．

トランザクション管理とはトランザクションを中途半端な状態に放置してお くことはしないということである．トランザクションは（その仕事を）完遂し たとき **COMMIT** 処理をされて**コミット**（committed）の状態になり，未遂に 終わったとき **ROLLBACK** 処理をされて**アボート**（aborted）の状態になる． 換言すれば，トランザクションはコミットかアボートの状態にしか遷移できな くて，それをトランザクションの原子性という．その結果，データベースの一 貫性が保証される．また，データベースは組織体の共有資源なので，多数のト ランザクションが同時に実行されることは大前提であるから，多数のトランザ クションの同時実行をどのように制御するかという同時実行制御が大きな問題 となる．また，トランザクションを実行するにあたっては，トランザクション

は様々な障害に遭遇することもあろうから，障害からトランザクションをどう守るかという障害時回復も大きな問題である．それらに的確な対応をするのがトランザクション管理である．

【ACID 特性】

DBMS はトランザクション管理をきちんとこなすことにより，トランザクション管理の大原則である**ACID 特性**（ACID properties）を満たすことができる．ここに，ACID とは次の 4 項目の頭文字である．

- Atomicity（原子性）

  トランザクションは実行の単位

- Consistency（一貫性）

  トランザクションはデータベースの一貫性を維持する単位

- Isolation（隔離性）

  トランザクションは同時実行の単位

- Durability（耐久性）

  トランザクションは障害時回復の単位

原子性と一貫性については上述の振替送金の例でその意味するところが示されている．隔離性と耐久性であるが，DBMS はトランザクション管理を行うことにより次の 2 つの機能を果たすことができ，データベースの一貫性を維持できる．

- 同時実行制御（concurrency control）
- 障害時回復（recovery）

まず，データベースは組織体の共有資源であるから，同時に多数のユーザが同じデータベースをアクセスしてくるであろう．このとき，多数のトランザクションの同時実行を無秩序に許せばトランザクションの返す結果は本来意図した結果ではなく無意味となるであろうし，またデータベースの一貫性も損なわれてしまう．つまり，トランザクションの同時実行には正しい結果を返すための秩序ある実行が求められ，それを行うのが**同時実行制御**である．

一方，トランザクションは，トランザクション自体の不備，電源断などのシステム障害，あるいはディスククラッシュなどのメディア障害により，その処理に異常をきたすことがある．このような障害からデータベースをどのようにして守るか，つまり，障害のもとでデータベースの一貫性をどのようにして守

るのか，それを行うのが**障害時回復**である．

■ リレーショナル DBMS

　リレーショナル DBMS の研究・開発は 1970 年に Codd がリレーショナルデータモデルの提案を行った直後から，Codd のお膝もとの IBM San Jose 研究所で System R が，カリフォルニア大学バークレイ校では Ingres（現在，世界で最も先進的な OSS のリレーショナル DBMS として世界に普及している PostgreSQL の前身）のプロトタイピングが執り行われ，1980 年ごろから商用リレーショナル DBMS が登場した．その後の弛まない性能向上と機能向上に対する努力の結果，現在，プロプライエタリあるいは OSS のリレーショナル DBMS は高性能・高機能を達成し，DBMS の揺るぎない主流となっている．

　以下，質問処理，同時実行制御，障害時回復の概略を順に見てみる．

8.2　リレーショナル DBMS の質問処理

■ 非手続的 vs. 手続的

　リレーショナルデータベースでは質問（query，問合せ）を SQL で書き下す．たとえば，SQL の社員表 社員 (社員 id, 氏名, 給与, 所属, 上司, マイナンバー) があったとき，社員 id = 650 の給与を知りたければ，ユーザは次の SELECT 文を発行するだけでよく，ユーザに大変優しい．これを**非手続的**（non-procedural）という．

$$Q_S: \quad \begin{array}{l} \text{SELECT 給与} \\ \text{FROM 社員} \\ \text{WHERE 社員 id = 650} \end{array}$$

　一方，もし社員のデータがリレーショナルデータベースではなく，社員ファイル 社員 (社員 id, 氏名, 所属, 給与, 上司, マイナンバー) に格納されていたとすると，社員 id = 650 の給与を知るために，ユーザは，まず社員ファイルを開き（open），所望のデータが記録されているレコードを探し出してそれを取り出し（fetch），そのレコードの給与フィールドに格納されている給与値を読み取り（read），そして社員ファイルを閉じる（close），といった一連の操作を指示するプログラムを書き下さねばならない．これを**手続的**（procedural）という．

■ 質問処理の最適化

リレーションあるいは SQL の表（table）はあくまでリレーショナルデータモデルに基づき定義された構成物なので，それをそのままコンピュータに実装することはできない．そのために，通常 1 枚の表は 1 枚のファイルとして実装される．その対応関係は次のとおりである．ちなみに，1 枚のファイルは何本かのレコードからなり，1 本のレコードは幾つかのフィールドを有する．

- リレーション（＝表）⇔ ファイル
- タップル ⇔ レコード
- 属性 ⇔ フィールド

そうすると，リレーショナル DBMS がユーザから発せられた質問に答えるためには，質問 Q_S を社員ファイルを操作できるプログラムに変換して所望の結果を返す処理をしなければならない．これが質問処理であるが，このとき**質問処理の最適化**（query optimization）が問題になる．なぜならば，変換の仕方によっては質問結果を素早く返すこともできるが，そうでないといたずらに時間がかかるということになるからである．たとえば，ファイルにはそこに格納されているレコードに素早くアクセスできるようにスキャンに比べて高速にアクセスが可能な**インデックス**（index，索引）が張られることが多いが，どのインデックスを使用すると所望の質問を高速に処理できるであろうかとか，一般に複数枚のファイルを結合するにあたって幾つか結合法があるが，（直下でより詳しく述べるが）どの方法を使うと所望の結合を高速に実行できるであろうか，といったことである．

結合質問を処理する場合には，質問処理の最適化はとても悩ましく重要な問題となる．たとえば，2 つの表 $R(A, B)$ と $S(B, C)$ の自然結合（natural join）を求めたいとするならば，次の SQL 文 Q_J を発行するであろう．

$$Q_J:\quad \begin{array}{l} \text{SELECT } R.A,\ R.B,\ S.C \\ \text{FROM } R,\ S \\ \text{WHERE } R.B = S.B \end{array}$$

しかるに，2 つの表の自然結合をとる手法には次の 3 つがよく知られている．

- 入れ子型ループ法
- ソートマージ結合法
- ハッシュ結合法

では，Q_J を処理するにあたって，どの結合法を採用すると最も速くユーザに結果を返せるのであろうか？ このために，リレーショナル DBMS は次のことを順番に行う．

1. Q_J を処理する様々なプランとその処理コスト式を建てる．

2. メタデータとして格納されている様々な統計値を使用して，プランごとにその処理コストを処理コスト式に基づき推定する．

3. 処理コストが最も安い（＝最速で結果をユーザに返せる）と推定されたプランを見つけ出して，それで Q_J を処理する．

リレーショナル DBMS でこの質問処理の最適化機能を 司（つかさど）るモジュールを質問処理最適化器（query optimizer），単にオプティマイザ（optimizer），あるいはプランナ（planner）と称することもある．質問処理最適化器の開発はリレーショナル DBMS ベンダの最も腐心するところである．

▌ 8.3 トランザクションの同時実行制御

データベースは組織体の共有資源なので，多数のユーザが同時にトランザクションを発行する状況が発生する．トランザクションはデータ項目（data item）の読み（read）や書き（write）の時系列であるが，このとき，トランザクション間での同一データ項目に対する読みや書きの競合が起こりうる．そのような読みや書きを無秩序に行わせればトランザクションの返す結果は無意味となるであろうし，またデータベースの一貫性も損なわれてしまう．

▌ 更新時異状

そこで，多数のトランザクションが何の制約もなく同時実行されると様々な異状（anomaly）が発生してしまうことを見てみる．たとえば，次に示す**遺失更新時異状**（lost update anomaly）がその典型例である．

例 8.1（遺失更新異状）　A 夫と A 子の共通銀行口座（この口座には 100（万円）の残高があるとする）から A 夫は 30（万円）A 子は 20（万円）引き出すトランザクション T_1 と T_2 を同時に発行し，T_1 と T_2 が図8.1に示されたようなスケジュールで同時実行されたとする．ここに，時刻 $t_1, t_2, \ldots$ は単調に増加しているとする．

　まず，時刻 t_1 で A 夫が読んだ残高は $A = 100$（万円）である．続く時刻 t_2 で A 子が読んだ残高もまだ A 夫による残高更新は行われていないので同じく $A = 100$ である．次に時刻 t_3 で A 夫が 30（万円）引き出す処理をすると $A = 70$ になる．その直後の時刻 t_4 で A 子が 20（万円）引き出す処理をすると $A = 80$ になる．時刻 t_5 で A 夫がコミット（COMMIT）したので，この引き出し処理は確定し，A 夫は 30（万円）を手中にした．次の時刻 t_6 で A 子がコミットしたので，A 子は 20（万円）を手中にした．このとき，口座の残高は時刻 t_5 で 70 になったものの，A 子のトランザクション T_2 による上書きで，時刻 t_6 には 80 となった．つまり，A 夫と A 子は計 50（万円）を手中にしたのに，共通口座からは 20（万円）しか減っておらず，その夜 2 人は豪華なレストランで美食と美酒に酔う．一方，銀行の情報システム部門の責任者は屋台で苦い酒をあおることとなる．ただし，引き出しではなく預け入れのときは立場が逆転することに注意したい．

時刻	T_1	T_2
t_1	read(A)	—
t_2	—	read(A)
t_3	write($A := A - 30$)	—
t_4	—	write($A := A - 20$)
t_5	COMMIT	—
t_6	—	COMMIT

A は夫婦共通の口座 A の残高（単位万円）を表す

図8.1　遺失更新時異状を引き起こすトランザクションの同時実行例

他にも汚読 (dirty read), 反復不可能な読み (unrepeatable read) など実に
様々な更新時異状を引き起こすトランザクションの同時実行例を示すことがで
きる.

■ スケジュール

さて,一般に同時実行させたいトランザクション $T_1, T_2, \ldots, T_n$ が与えられた
とき,まず時刻 t_1 ではいずれかのトランザクションの第1ステップを実行させ
(例 8.1 では, T_1 の第1ステップ read(A) を実行させた),続く時刻 t_2 ではその
トランザクションの第2ステップかあるいはそれ以外のトランザクションの第
1ステップを1つ実行させ (例 8.1 では, T_2 の第1ステップ read(A) を実行さ
せた) という具合にトランザクションを同時実行させていく様子を図示した2
次元表現を**スケジュール** (schedule) という.

図8.1 のスケジュールでは更新時異状が発生したが,中には同時実行させて
も更新時異状の発生しないスケジュールもある.もしそのようなスケジュール
が見つかれば,そのスケジュールに従ってトランザクションを同時実行させた
方がトランザクション群を直列に実行させる (これを**直列スケジュール**という)
よりは短い時間ですべてのトランザクションの実行を終了できるであろうから,
ユーザにとって嬉しいことであるし,単位時間当たりのトランザクションの処
理数,すなわち **TPS** (transactions per second) を向上させることができるで
あろうから DBMS にとっても嬉しいことである[1].

では,どのようなスケジュールが更新時異状を引き起こさないスケジュール
なのか,それが知りたくなる.直列スケジュールでは更新時異状は発生しない
ことは明白なので,問題は**非直列スケジュール** (= 直列スケジュールではない
スケジュール) が与えられたとき,どのような条件を満たせばそれが何らかの
直列スケジュールと等価となるのか,つまり,両者の実行結果が同一になるの
か,そのための必要かつ十分条件あるいは十分条件を知りたいということにな
る.この問題がスケジュールの**直列化可能性** (serializability) である.次に示
す相反グラフ解析はこの問題に対する十分条件を示したもので,解析は多項式
時間で行えることから,実用的な解となっている.

---

[1] 直列実行ではデータをディスクにアクセスしている間は CPU はアイドルとなり遊んでいるが,同時
実行ではその CPU を他のトランザクションが使って仕事を実行するので,TPS は向上する.

■ 相反グラフ解析

　一般にトランザクション $T_1, T_2, \ldots, T_n$ を同時実行するスケジュール S が与えられたとき，S が直列化可能であるか否かを効率よく（＝多項式時間で）判定できないか，という問題が出てくる．このための手法が**相反グラフ解析**（conflict graph analysis）である．この手法は一般にスケジュールが直列化可能であるための十分条件を保証する．

> **命題 8.1**（相反グラフ解析）　一般にトランザクション $T_1, T_2, \ldots, T_n$ を同時実行するスケジュール S が与えられたとき，その相反グラフ $CG(S)$ を作成し，それが非巡回ならば S は直列化可能で，それに等価な直列スケジュールは $CG(S)$ をトポロジカルソートすることで得られる．

　この命題の意図するところを例で示すと次のとおりである．

> **例 8.2**（相反グラフ解析の例）　トランザクション T_1, T_2, T_3, T_4 の同時実行スケジュール S が 図8.2 (a) に示されたとおりとする．このとき，$CG(S)$ は同図 (b) に示されたとおりとなるが，ノード T_i から T_j に辺が引かれるのは次のいずれかの条件が成立するときである．ここに，たとえばステップ $T_i : \mathrm{read}(x)$ とは，トランザクション T_i のデータ項目 x の読み（read）という意味である（書き（write）についても同様）．
>
> (i)　ステップ $T_i : \mathrm{read}(x)$ がステップ $T_j : \mathrm{write}(x)$ に先行する．
>
> (ii)　ステップ $T_i : \mathrm{write}(x)$ がステップ $T_j : \mathrm{write}(x)$ に先行する．
>
> (iii)　ステップ $T_i : \mathrm{write}(x)$ がステップ $T_j : \mathrm{read}(x)$ に先行する．
>
> 　この例では，得られた $CG(S)$ にループはないことが確認できる．したがって，命題 8.1 により，このスケジュールは直列化可能である．
>
> 　では，S に等価（厳密には相反等価という）な直列スケジュールはどのようなスケジュールなのであろうか？ $SG(S)$ にループはないので，どこかに入り線のないノードが存在するはずである（もし，そのようなノードがなければ，ループが存在することになるから）．この例では，ノード T_1 である．辺の定義からこれが意味することは，スケジュール S に等価な直列スケジュールがあるとすれば，まず T_1 を実行せよということである．続いて，$CG(S)$ からノード T_1 と T_1 から発する辺を削除すると，

ノード T_2, T_3, T_4 からなる部分グラフが得られるが，それがループを有することはないから入り線のないノードが存在するはずで，この場合は T_3 である．したがって，まず T_1 を実行し，続いて T_3 を実行しなさいということが分かる．以下同様に進めると，S は $T_1 \to T_3 \to T_2 \to T_4$ の順で実行する直列実行と同じ結果を生じることが保証される．このプロセスを**トポロジカルソート**（topological sort）いう．

時刻	T_1	T_2	T_3	T_4
t_1	—	—	read(x)	—
t_2	read(x)	—	—	—
t_3	—	—	write(x)	—
t_4	—	read(x)	—	—
t_5	read(y)	—	—	—
t_6	—	—	—	read(x)
t_7	write(y)	—	—	—
t_8	—	read(y)	—	—
t_9	—	—	—	write(x)
t_{10}	—	write(y)	—	—

(a) スケジュール S

(b) 相反グラフ CG(S)　　(c) S に相反等価な直列スケジュール

図8.2　相反グラフ解析

　以上が，異状が発生しないトランザクションの同時実行を保証する相反グラフ分析であるが，実際に稼働しているプロプライエタリあるいは OSS のリレーショナル DBMS ではこの結果を保証する動的なメカニズムとして **2PL**（two phase locking，**2 相ロック法**）を実装してきた経緯がある．なお，近年ではこれとは異なった考えに基づいた **MVCC**（multi version concurrency control，**多版同時実行制御**）を実装する DBMS も多いことを付記する．MVCC の詳細に

興味を抱いた読者には拙著[4]の一読を薦める.

 ## 8.4　障害時回復

　トランザクションは，トランザクション自体の不備（たとえば，プログラムエラー），電源断などのシステム障害，あるいはディスククラッシュなどのメディア障害により，その処理に異常をきたすことがある．このような異常は，そのまま放置するとコンテンツとしてのデータベースが，本来それが反映しているべき実世界の状況と矛盾してしまうという意味で，データベースの一貫性を損なうことになるので，そのようなことにならないように適切な措置が必要となる．たとえば，システムダウンが復旧してシステムが再起動した時点で，障害に遭遇したトランザクションが中途半端に更新したままになっているデータベースのデータは旧値（old value）に書き戻しておかねばならない．あるいは，きちんと処理が終わっているトランザクションの実行結果がデータベースに反映される前に障害に遭遇したような場合には再起動にあたり，それをデータベースに反映しておく必要がある．これが**障害時回復**（recovery）である．

　障害時回復の指針を策定するにあたってもトランザクションの概念に基づくのが明解で，これを**トランザクション指向の障害時回復**（transaction-oriented recovery）という．このアプローチのもとでの障害時回復手段は次の 2 つである．

- **UNDO**　　障害に遭遇した時点でまだコミットしていないトランザクションがそれまでにデータベースに対して行った読みや書きなどを DBMS 再起動時に一切なかったことにする処理.
- **REDO**　　障害に遭遇した時点でコミットしていたトランザクションについては，それがデータベースに対して行った読みや書きなどを DBMS 再起動時にすべてデータベースに反映させる処理.

　一方，障害の種類は次の 3 種である．

- トランザクション障害
- システム障害
- メディア障害

　そうすると，トランザクション指向の障害時回復は**図 8.3** に示すマトリックスで対応すればよいことが分かる．ここに，トランザクション UNDO とはトラ

回復処理＼障害の種類	トランザクション障害	システム障害	メディア障害
UNDO	トランザクション UNDO	全局的 UNDO	—
REDO	—	局所的 REDO	全局的 REDO

図8.3　トランザクション指向の障害時回復

ンザクション障害を起こしたトランザクションについて UNDO するという意味であり，全局的（global）UNDO とは当該そのような障害に遭遇し未だコミットもアボートもしていなかったトランザクションはすべて UNDO するという意味であり，局所的（local）REDO とは障害発生時点でコミットしていたが，未だ更新結果の全てがデータベースに反映されていないトランザクションを REDO するという意味である．また，全局的 REDO は保管用ダンプ（archives dump）を基に障害発生に至る間にコミットした全てのトランザクションを REDO するという意味である．

　上記が，トランザクション指向の障害時回復のスキームであるが，実際にこの考え方を DBMS に実装していくには**ログ法**（logging）やシャドウページ法（shadow paging）が知られている．前者はトランザクションの更新ログを使う方法で後者は更新ログを使わない手法である．実装法が明解であることから，ほとんどのプロプライエタリあるいは OSS の DBMS がログ法を採用している．

　以上，DBMS の 3 大機能，すなわちメタデータ管理，質問処理，そしてトランザクション管理，を概観してきたが，リレーショナル DBMS の質問処理の最適化の詳しい議論に興味を抱いた読者やトランザクションの同時実行制御法である 2PL や MVCC についてより深く学びたいと思った読者，あるいは障害時回復にもう少し踏み込みたいと思った読者には拙著[1]を薦める．深堀はしたくないがこの機会にデータベースリテラシを身に着けたいと思った読者には拙著[13]を薦める．

8章の演習問題

8.1 トランザクションが持つべき ACID 特性の A，C，I，D は次に示すア，イ，ウ，エのどれと対応しているか，たとえば A–アという具合に答えなさい．
　ア．トランザクションは同時実行の単位である．
　イ．トランザクションは実行の単位である．
　ウ．トランザクションは障害時回復の単位である．
　エ．トランザクションはデータベースの一貫性を維持する単位である．

8.2 データベースの一貫性とトランザクションの関係について説明しなさい．（100字程度）

8.3 トランザクションはその実行にあたって様々な障害に遭遇する．下図はトランザクション指向の障害時回復のスキームを表している．(1)～(4) に入るべき用語は何か，また，それらはどういうことなのか，説明しなさい．

回復処理＼障害の種類	トランザクション障害	システム障害	メディア障害
UNDO	(1)	(2)	—
REDO	—	(3)	(4)

第9章
SQL ―基本機能―

9.1 SQL とは

SQL は ISO/IEC（International Organization for Standardization/International Electrotechnical Commission, 国際標準化機構／国際電気標準会議）が策定する**国際標準リレーショナルデータベース言語**である．SQL の初めての規格は 1987 年に制定された SQL-87 であるが，それ以降，主な改正だけでも SQL-92, SQL:1999, SQL:2003, SQL:2008, SQL:2011, SQL:2016, SQL:2023 と現在に至っている．プロプライエタリあるいは OSS のリレーショナル DBMS はできる限り最新の SQL に準拠した機能をサポートしようと改版している．

SQL のルーツは IBM San Jose 研究所で開発された世界で初めてのリレーショナル DBMS である System R のデータベース言語 SEQUEL（Structured English Query Language）であり，自然な英文に忠実で，初心者でも質問を容易に書き下すことができるよう考慮され設計された言語である[1]．また SQL はリレーショナル代数に不足している機能を上手に組み込んでいる．たとえば，AVG, COUNT, MAX, MIN, SUM といった集約関数（aggregate function）の導入である．SQL でリレーショナルデータベースに対して様々な問合せを書けるが，埋込み SQL 親プログラミング言語，動的 SQL, SQL/PSM（persistent stored module, 永続格納モジュール）も規格化されており，それらを使用することにより，様々なデータベースアプリケーションの開発が可能となっている．

本章では，日本産業規格（JIS）でもある「データベース言語 SQL 第 2 部：

---

[1] SEQUEL は登録商標の関係で 1982 年頃，丁度，筆者が IBM San Jose 研究所に分散型リレーショナル DBMS 開発の System R* プロジェクトの客員研究員として滞在中，SQL（Structured Query Language, その頭文字をとってエスキューエルと発音）と改められた．しかし，ISO は SQL を固有の語としている．

基本機能（SQL Foundation)」に基づき SQL の基本機能を概観するが，**データ
ベース言語**（database language）とは DBMS が様々なカテゴリのユーザに対
して提供しているデータベースのためのインタフェースを総称しており，SQL
は大別すると次の 3 つの言語を提供している．

- **データ定義言語**（data definition language，DDL）
  CREATE，ALTER，DROP，TRUNCATE などのサポート
- **データ操作言語**（data manipulation language，DML）
  SELECT，INSERT，DELETE，UPDATE などのサポート
- **データ制御言語**（data control language，DCL）
  GRANT，REVOKE などのサポート

　本章ではまずデータ定義言語を概観し，続いてデータ操作言語を紹介する．な
お，DCL については説明を省くが，DCL の GRANT はアクセス権の付与を，
REVOKE はアクセス権を剥奪するコマンドである．

9.2　データ定義言語

　データ定義言語とはリレーショナルデータベーススキーマの定義，変更，削
除などをするための言語である．

　リレーショナルデータベースは SQL の定義する**表**（table）から成り立ってい
る．表はリレーショナルデータベースのリレーションに対応する構成物である
が，リレーションと違って一般にタップルが重複して出現することが許されて
いる．なぜならば，リレーショナルデータモデルは**集合意味論**（set semantics)
に立脚しているが，SQL は**マルチ集合意味論**（multi-set semantics)，**バッグ意
味論**（bag semantics）ともいう，に立脚しているからである．

　さて，SQL で表を定義（＝生成）する例を例 9.1 に示す．ここでは社員表が定
義されているが，integer はデータ型が整数を，text は文字列を表す．社員 id を
主キーとしたので，それは「PRIMARY KEY(社員 id)」で宣言されている．し
たがって，社員 id にはキー制約が課されることになる．マイナンバーもタップ
ルの一意識別性を有するが，主キーとはしなかったのでその一意性をデータ操作
にあたり保証するために「マイナンバー integer UNIQUE」と宣言されている．

　なお，SQL 規格では CREATE TABLE 文や後述する SELECT 文を含めて

SQL 文の末尾に ; (セミコロン) を付与する必要はない (その必要性はリレーショナル DBMS 依存である).

例 9.1 (表の定義例)

CREATE TABLE 社員 (社員 id integer, 氏名 text, 給与 integer, 所属 text, 上司 integer, マイナンバー integer UNIQUE, PRIMARY KEY(社員 id))

その結果, 図9.1 に示されるような社員表が生成される. ここに 社員 id のアンダーラインはそれが主キーであることを表す. まだ, 何らデータが挿入されていないので, 表は空である (1 本もタップルがない状態).

社員

社員 id	氏名	給与	所属	上司	マイナンバー

図9.1　　生成された社員表

なお, CREATE 以外に, ALTER は表定義の変更, DROP は表の削除, TRUNCATE は表に格納されているデータを一括してすべて削除するために使用する.

■　データベーススキーマの定義

データベースは実世界の写し絵であるから, リレーショナルデータベースが 1 枚の表からなることは珍しく, 一般に多数の表からなる. たとえば, ある企業の社員と部門を表すリレーショナルデータベースを考えてみると, それは社員表だけではなく部門表やその他多数の表からなるであろう. それら全体を表すためにリレーショナルデータベーススキーマが定義される.

その一例を 図9.2 に示すが, そこでは社員–部門データベーススキーマが定義され, それはドメイン定義や 社員 (社員 id, 氏名, 給与, 所属, 上司, マイナンバー) と 部門 (部門番号, 部門名, 部門長, 部員数) という表の定義, ビューの定義, 一貫性制約としての表明 (assertion) の定義, トリガの定義などが与えられている. FOREIGN KEY が指定されているが, たとえば「FOREIGN KEY(所属) REFERENCES 部門 (部門番号)」は社員表の所属列は部門表の主キーである部門番号の外部キーであること, つまり, そこに現れる値は部門表の部門番号列に

現れている値のどれかでないといけないことを宣言している．これを**外部キー**
制約（foreign key constraint）という．

```
CREATE SCHEMA 社員-部門 AUTHORIZATION U007;
CREATE DOMAIN 部門番号型 NCHAR(3);
CREATE TABLE 社員(
        社員番号 INTEGER,
        氏名 NCHAR VARYING(10) NOT NULL,
        給与 INTEGER,
        所属 部門番号型,
        PRIMARY KEY(社員番号),
        FOREIGN KEY(所属) REFERENCES 部門(部門番号),
        CHECK(20 <=
                SELECT AVG(給与)
                FROM 社員),
        CHECK(所属 IN ('K55', 'K41', 'その他')));
CREATE TABLE 部門(
        部門番号 部門番号型,
        部門名 NCHAR VARYING(10) NOT NULL,
        部門長 INTEGER,
        部員数 INTEGER,
        PRIMARY KEY(部門番号),
        FOREIGN KEY(部門長) REFERENCES 社員(社員番号));
CREATE VIEW 貧乏社員
        AS SELECT *
        FROM 社員
        WHERE 給与 < 20;
CREATE ASSERTION 給与制約
        CHECK(NOT EXISTS
                (SELECT X.*
                FROM 社員 X, 社員 Y, 部門 Z
                WHERE X.所属 = Z.部門番号
                    AND Z.部門長 = Y.社員番号
                    AND X.給与 > Y.給与));
CREATE TRIGGER 部員数整合
        AFTER INSERT ON 社員
            UPDATE 部門
            SET 部員数 = 部員数 + 1
            WHERE 部門.部門番号 = 社員.所属;
```

図9.2　リレーショナルデータベーススキーマの定義例

■ 情報スキーマ

データベーススキーマで定義されたデータベーススキーマ名, 表名, 属性名, ドメイン名, 主キーや候補キー, 外部キー, 意味的制約の定義などはメタデータとして**定義スキーマ**（definition schema）と称されるリレーションに格納される. 定義スキーマから読取り専用の**情報スキーマ**（information schema）がビューとして定義される. 定義スキーマは不用意に更新されることのないようにアクセス権限が厳しく管理されるが, 情報スキーマは読取り専用で誰でもアクセスできて, たとえばエンドユーザはそれをアクセスすれば利用しようとするリレーショナルデータベースにどのような表が定義されており, 誰がアクセス権を有するかなどのメタデータを知ることができる.

9.3 データ操作言語 —INSERT, DELETE, UPDATE—

データ操作言語（data manipulation language, **DML**）とは, 大きく分けると次の2つの操作を表すための言語である.

- データの挿入（INSERT）, 削除（DELETE）, 書換（UPDATE）
- 問合せ（SELECT）

本節では, データの挿入, 削除, 書換について紹介する. 問合せの基本は次節で紹介し, より詳しい説明を次章で与える.

まず, 定義された表に行（row）を挿入するには INSERT を用いる.

例 9.2（社員表への行の挿入） 社員(社員 id, 氏名, 給与, 所属, 上司, マイナンバー)に5人の社員を挿入する. ここに, 社員 id と給与と上司とマイナンバーのデータ型は integer, 氏名と所属のデータ型は text とする. なお, text 型のデータを社員表に挿入する際には, それを' 'と**引用符**（quotation mark）で括ってやらねばならない.

```
INSERT INTO 社員 VALUES (650, '山田太郎', 50, 'K55', 650,
123456789012), (1508, '鈴木花子', 40, 'K41', 1508, 234567890123),
(231, '田中桃子', 60, 'K41', 1508, 345678901234), (2034, '佐藤一郎',
40, 'K55', 650, 456789012345), (713, '渡辺美咲', 60, 'K55', 650,
567890123456)
```

その結果, 図9.3 に示されるような社員表が生成される.

社員

社員 id	氏名	給与	所属	上司	マイナンバー
650	山田太郎	50	k55	650	123456789012
1508	鈴木花子	40	k41	1508	234567890123
231	田中桃子	60	k41	1508	345678901234
2034	佐藤一郎	40	k55	650	456789012345
713	渡辺美咲	60	k55	650	567890123456

図9.3　社員表

表から探索条件を満たす行を削除するには DELETE を用いる.

例 9.3（社員表の行の削除）　たとえば，給与が 60 以上の社員を削除したければ，次に示す DELETE 文を発行すればよい.

```
DELETE FROM 社員 WHERE 給与 >= 60
```

条件を満たす行の属性値を書き換えるには UPDATE を用いる.

例 9.4（社員表の行の書換）　たとえば，k55 部門の社員の給与を倍にするのであれば，次に示す UPDATE 文を発行すればよい.

```
UPDATE 社員 SET 給与 = 給与 * 2 WHERE 所属 = 'k55'
```

なお，更新（update）という用語は次のように 2 つの意味で使われることがあるので注意したい.すなわち，SQL ではデータの書換を UPDATE 文で行うが，本来，update という語の意味はデータの挿入，削除，書換を包括した概念であるので，本書ではデータを書き換える場合には，更新という言い方を避けて，書換と表現することが多い.

9.4　データ操作言語 —SELECT—

リレーショナルデータベースに対して**問合せ**（query, **質問**）を書き下すことをSQLでは「問合せを指定する」という. 問合せを指定するために2つの構文がある.

- 問合せ指定（query specification）
- 問合せ式（query expression）

問合せ式はリレーショナル代数の集合演算（和, 差, 共通集合）にあたる操作を記述するために導入されたが, それは問合せ指定を使って再帰的に定義されるので, まずは問合せ指定を見てみることから始める.

■　問合せ指定

問合せ指定はSQLの初めての規格であるSQL-87で導入された. 問合せ指定の基本構文の概略を次に示す.

```
<問合せ指定> ::= SELECT [ALL | DISTINCT] <選択リスト><表式>
<選択リスト> ::= <値式> [{, <値式>}...] | *
<表式> ::= <from 句> [<where 句>] [<group by 句>] [<having 句>]
   <from 句> ::= FROM <表参照>[{, <表参照>}...]
   <where 句> ::= WHERE <探索条件>
   <group by 句> ::= BROUP BY <列指定>[{, <列指定>}...]
   <having 句> ::= HAVING <探索条件>
```

構文はBNF（Backus-Naur form）記法で与えられている. ここで, [ ]（大括弧）はオプションを, | は選択を, ...（省略記号）は要素の1回以上の反復を, { }（中括弧）は一塊（ひとかたまり）の要素の並びを, *（アスタリスク）はすべてを表す.

基本構文の補足説明であるが, <値式>と<表参照>は第一義にはそれぞれ列名と実表名を意味するが, たとえば, 単に「給与」という列名ではなく, 給与の2倍を表すべく「給与 * 2」という式を値式として定義することもできるし, AVG, COUNT, MAX, MIN, SUMなどの集約関数を使うこともできる. また, 表参照では実表ではなくビュー表の名前を記（しる）してもよい. ここに, **実表**（base table）とはデータベースに格納されている表をいい, **ビュー表**（viewed table）とはビュー定義が仮に実行されたときに得られる表をいう. <探索条件>は一般に m 変数の述語（predicate）である. 問合せ指定はSELECTで始まるの

で，**SELECT 文**（SELECT statement）ともいう．SELECT 文をリレーショ
ナル DBMS が処理する[2]と問合せの結果を表す表ができあがるが，これを**導出
表**（derived table）という．

例 9.5（問合せ指定）　社員表を 図9.3 のとおりとする．k55 部員の平
均給与を求める問合せ指定は次のとおりである．数値ではなく文字列を
属性値として指定する場合には引用符で括る．AS 句を指定しないと導
出表の AVG(給与) 欄の属性名は付かないが，AS 句を指定するとそこで
指定された属性名，この例では「k55 平均給与」，が付与される．

```
SELECT AVG(給与) AS k55 平均給与
FROM 社員
WHERE 所属 = 'k55'
```

この導出表は以下のとおりである．

k55 平均給与
50

　問合せ指定で多くの問合せを記述することができるが，それについては次章
で示す．
　続いて，問合せ式を見てみる．

■　問合せ式

　問合せ指定で多くの問合せを記述することができるが，たとえばリレーショ
ナル代数演算の和（union），差（difference），あるいは共通（intersection）と
いった集合操作を記述することができず，1992 年の改正を待って SQL-92 でそ
のような問合せも書き下せるように**問合せ式**（query expression）が規格化され
た．その定義はその後も改正されて，現在の規格はとても長大かつ複雑となっ
ているが，ここでは原点に立ち戻り SQL-92 に準拠してそのエッセンスだけ記
すことにすると，問合せ式の基本構文は次に示すようである．

---

[2]処理する（process）に加えて，評価する（evaluate）という表現も使われる．

<問合せ式> ::= <問合せ指定>
| <問合せ式> UNION [ALL] {<問合せ指定> | <問合せ式>}
| <問合せ式> EXCEPT [ALL] {<問合せ指定> | <問合せ式>}
| <問合せ式> INTERSECT [ALL] {<問合せ指定> | <問合せ式>}

このように，問合せ式は問合せ指定を含むが，上記のように和集合，差集合，共通集合の演算を UNION，EXCEPT，INTERSECT を指定することで問合せに使用可能としたということである．たとえば，2 枚の表の UNION をとると一般に 2 枚の表に共に含まれている行は重複して現れることになるが，ALL はそれを許して導出表に出現させることを指定する（[ALL] は ALL が選択的であることを示している）．もし，ALL を指定しなければ DISTINCT，つまり，重複を削除することを意味するが，これがデフォルト（default）である．

定義から分かるように，問合せ式は問合せ指定を含んだ概念であるが，ごく簡単な例として，東京本社と大阪本社を有する企業の社員表として 東京社員 (社員 id, 氏名, 給与, 所属, 上司, マイナンバー) と 大阪社員 (社員 id, 氏名, 給与, 所属, 上司, マイナンバー) がそれぞれに定義されていたとしたとき，東京本社と大阪本社の社員を合わせた全社員を求めたければ UNION を用いて次のような問合せを発行すればよい．ここに，＊（アスタリスク）はすべての列名の羅列，この場合，社員 id，氏名，給与，所属，上司，マイナンバーを表す．

例 9.6（問合せ式） 東京本社と大阪本社の社員を合わせた全社員を求めたい．ALL を指定しているので，もし両本社に所属している社員がいれば，その社員は重複して導出表に現れる．

```
SELECT * FROM 東京社員
UNION ALL
SELECT * FROM 大阪社員
```

9章の演習問題

9.1 2 枚の表，学生 (氏名, 大学名, 住所) と アルバイト (氏名, 会社名, 給与) があるとする．次の問合せを SQL で表しなさい．

(1) 池袋に住んでいる令和大生の氏名を求めなさい．

(2) 令和大生がアルバイトをしている会社名を求めなさい．

(3) A 商事でアルバイトをしていて給与が 50 以上の学生の氏名と大学名を求めなさい．

9.2 3 枚の表，製品 (製品 id, 製品名, 単価), 工場 (工場 id, 製品 id, 生産量, 所在地), 在庫 (倉庫 id, 製品 id, 在庫量, 所在地) が定義されているとする．次の問合せを SQL で表しなさい．

(1) 単価が 100 以上である製品の製品 id と製品名を求めなさい．

(2) テレビ（製品名）を 10 以上生産している工場の工場 id と所在地を求めなさい．

(3) 札幌にある倉庫に在庫量が 5 未満の製品の製品名とそれを生産している工場 id を求めなさい．

第10章
SQL ―問合せ機能―

10.1 単純問合せ

SQL の問合せ指定（query specification）の基本機能を例を示しながら説明する．このために，SQL で規格化されているわけではないが，問合せ指定を便宜的に次の 3 つのタイプに分類すると分かり易い．

- **単純問合せ**（simple query）
  問合せ指定の基本構文（下記：p. 97 の再掲）の<from 句> ::= FROM <表参照>[{, <表参照>}...] に現れる<表参照>が 1 枚だけのときをいう．

- **結合問合せ**（join query）
  <from 句> ::= FROM <表参照>[{, <表参照>}...] に現れる<表参照>が 2 枚以上のときをいう．

- **入れ子型問合せ**（nested query）
  <where 句> ::= WHERE <探索条件>の探索条件の中に，また SELECT 文が現れる問合せ指定をいう．

```
<問合せ指定> ::= SELECT [ALL | DISTINCT] <選択リスト><表式>
<選択リスト> ::= <値式> [{, <値式>}...] | *
<表式> ::= <from 句> [<where 句>] [<group by 句>] [<having 句>]
    <from 句> ::= FROM <表参照>[{, <表参照>}...]
    <where 句> ::= WHERE <探索条件>
    <group by 句> ::= BROUP BY <列指定>[{, <列指定>}...]
    <having 句> ::= HAVING <探索条件>
```

本節では，まず，単純問合せを見てみるが，以下，問合せの多くを 図10.1 に示す商品–顧客–納品データベースに対して発行する．なお，SQL 規格では SELECT 文の末尾に ;（セミコロン）を付与する必要のないことは 9.2 節で注意

商品

商品 id	商品名	定価
g1	テレビ	198000
g2	洗濯機	59800
g3	テレビ	98000
g4	冷蔵庫	248000

顧客

顧客 id	顧客名
c1	A 商店
c2	B 商店
c3	C 商店
c4	D 商店

納品

商品 id	顧客 id	納品数量
g1	c1	3
g1	c2	10
g2	c2	5
g2	c3	10
g3	c3	2

図 10.1　**商品‒顧客‒納品データベース**

したとおりである.

(1)　＊（アスタリスク）を使用した問合せ

　「全商品の全データを求めよ」

Q_1:
```
SELECT *
FROM 商品
```

　＊（アスタリスク）は，この例では，商品表の「すべて」の列名からなる選択リスト 商品 id, 商品名, 定価 を表す.

　また，この SELECT 文では WHERE 句が指定されていないが，これは探索条件が真（true），つまり「WHERE TRUE」が指定されたものとして解釈される. 問合せの結果である導出表は次のとおりである.

商品 id	商品名	定価
g1	テレビ	198000
g2	洗濯機	59800
g3	テレビ	98000
g4	冷蔵庫	248000

(2)　導出表に行の重複出現を許す問合せ

「納品した商品の商品 id を求めよ」

Q_2:
```
SELECT 商品id
FROM 納品
```

導出表は次のとおりである.

商品 id
g1
g1
g2
g2
g3

　導出表には行の重複があるので，これはリレーショナルデータモデルでいう集合としてのリレーションではない．いわゆる**バッグ**（bag），数学的には**マルチ集合**（multi-set）である．9.2 節で述べたように，リレーショナルデータモデルは集合意味論（set semantics）に立脚し，SQL はバッグ意味論（bag semantics）に立脚しているので理論的破綻はない．

(3)　導出表に行の重複出現を許さない問合せ

「納品した商品の商品 id を，重複を除去して求めよ」

Q_3:
```
SELECT DISTINCT 商品id
FROM 納品
```

導出表は次のとおりである.

商品 id
g1
g2
g3

　DISTINCT 指定により，導出表の行の重複が除去されている．行の重複をそのまま残すと，重複行の削除に係る処理（たとえば，ソーティング）をしなく

て済むので早く結果をユーザへ返せるという利点や，導出表に行の重複を望む
ユーザ側の要求もある．たとえば，Q_2 では DISTINCT 指定がないので納品さ
れた商品 id が重複して表示されるので，導出表を見れば，どの商品が延べ何回
取引の対象になったのかを知ることができるが，Q_3 ではその延べ回数は分から
ない．つまり，延べ回数に関心のあるユーザは Q_2 を，そうでないユーザは Q_3
を発行するであろう．

(4) 値式を用いた問合せ

「商品の商品 id，定価，そして定価を 3 割引した割引価格を求めよ」

```
Q₄:  SELECT 商品id, 定価, 定価 * 0.7
     FROM 商品
```

導出表は次のとおりである．

商品 id	定価	
g1	198000	138600
g2	59800	41860
g3	98000	68600
g4	248000	173600

　単に列名だけでなく，値を求める計算式や定数を表現できる．これが SELECT
に続く項目名を列といわずに一般的に<値式>といった理由である．なお，この
ように値式を使って定義された導出表の列には名前は付与されず，ブランクと
なる．しかしながら，このブランクを避けて，名前を付与したいときには次に
例示するように **AS 句**を用いればよい．

(5) AS 句を用いた問合せ

「商品の商品 id，定価，そして定価を 3 割引した割引価格を求めよ．このと
き，割引価格の列にはお値打ち価格と列名を付与せよ」

```
Q₅:  SELECT 商品id, 定価, 定価 * 0.7 AS お値打ち価格
     FROM 商品
```

導出表は次のとおりである.

商品 id	定価	お値打ち価格
g1	198000	138600
g2	59800	41860
g3	98000	68600
g4	248000	173600

(6) 比較演算子を用いた問合せ

「定価が 10 万以上の商品の全データを求めよ」

```
      SELECT *
Q6:   FROM 商品
      WHERE 定価 >= 100000
```

導出表は次のとおりである.

商品 id	商品名	定価
g1	テレビ	198000
g4	冷蔵庫	248000

　この探索条件は以上選択演算子 (>=) を使って指定されているが, リレーショナル代数で定義された $=, \neq, <, >, \leq, \geq$ に対応して, SQL では等号選択 (=), 不等号選択 (<>), 小なり選択 (<), 大なり選択 (>), 以下選択 (=<), 以上選択 (>=) 演算子が使える.

(7) BETWEEN 句を用いた問合せ

「定価が 5 万以上 10 万以下の商品の全データを求めよ」

```
      SELECT *
Q7:   FROM 商品
      WHERE 定価 BETWEEN 50000 AND 100000
```

導出表は次のとおりである．

商品 id	商品名	定価
g2	洗濯機	59800
g3	テレビ	98000

BETWEEN 句の他に，IN 句，LIKE 句，EXISTS 句などが使える．IN 句については (21) で説明する．

一般に，WHERE 句では様々な述語をブール演算子 AND, OR, NOT を使って，組み合わせて得られる論理式を探索条件として指定できる．単純な例としては，上記の条件に，さらに商品名はテレビでなくてはならないという条件をつけ加えたければブール演算子 AND を使って次に示す Q_8 のように指定すればよい．

もちろん，Q_7 の WHERE 句を「以上選択演算子」と「以下選択演算子」，ならびにブール演算子 AND を使って次のように書いてもよい．

```
WHERE 定価 >= 50000 AND 定価 =< 100000
```

(8) ブール演算子を用いた問合せ

「定価が 5 万以上 10 万以下で，かつ商品名がテレビの全データを求めよ」

```
      SELECT *
      FROM 商品
Q8:
      WHERE 定価 BETWEEN 50000 AND 100000
      AND 商品名 = 'テレビ'
```

導出表は次のとおりである．

商品 id	商品名	定価
g3	テレビ	98000

(9) ORDER BY 句を用いた問合せ

「商品を定価の安いものから高いもの順に並べ替えよ」

```
        SELECT *
Q₉:     FROM 商品
        ORDER BY 定価 ASC
```

ORDER BY 句により，導出表の行を昇順（ascendant）に並べ替えたければ，ASC と指定する．昇順ではなくて降順（descendant）のときには DESC と指定する．何も指定しない（たとえば，ORDER BY 定価 とだけ書く）と ASC がデフォルトである．

導出表は次のとおりである．

商品 id	商品名	定価
g1	洗濯機	59800
g3	テレビ	98000
g1	テレビ	198000
g4	冷蔵庫	248000

(10) GROUP BY 句と集約関数を用いた問合せ

「納品した商品の総数を商品 id ごとに求めよ．このとき，SUM(納品数量) の列には納品総数と列名を付与せよ」

```
        SELECT 商品 id, SUM(納品数量) AS 納品総数
Q₁₀:    FROM 納品
        GROUP BY 商品 id
```

導出表は次のとおりである．

商品 id	納品総数
g1	13
g2	15
g3	2

SUM は，列の値の総和をとる集約関数である．また，Q_4 で述べたのと同じ理由で，もし AS 句を指定しなければ<値式>である SUM(納品数量) の列に属性名は付かない．

関数名として SUM 以外に，AVG，COUNT，MAX，MIN などがある．一般に，集約関数の基本形は次のとおりである．

```
関数名 (<値式>)
```

関数の評価はグループごとに，その中の各行に<値式>の評価結果を集約する．

(11)   HAVING 句と集約関数を用いた問合せ

「納品総数が 10 以上の商品について商品 id と納品総数を求めよ」

Q_{11}:
```
SELECT 商品id, SUM(納品数量) AS 納品総数
FROM 納品
GROUP BY 商品id
HAVING SUM(納品数量) >= 10
```

導出表は次のとおりである．

商品 id	納品総数
g1	13
g2	15

10.2   結合問合せ

結合問合せはリレーショナル代数の結合 (join) 演算を表現しようとする問合せであるが，SQL では様々な結合を書き表せる．まず，結合質問の典型例を見ることから始める．ここでも，特に断らない限り，図 10.1 に示した商品–顧客–納品データベースを想定している．

(12)   WHERE 句を用いた等結合問合せ

「商品の商品 id と納品した商品の商品 id が等しい商品と納品データのすべての組を求めよ」

```
         SELECT *
Q₁₂:    FROM 商品, 納品
         WHERE 商品.商品 id = 納品.商品 id
```

この SELECT 文の意味は，等結合（equi-join），つまり "FROM 商品, 納品"
により商品表と納品表の直積，SQL では**クロス結合**（cross join）という，をま
ず作成し，その結果に WHERE 句で指定されている「探索条件」を適用して得
られた結果を導出表とせよ，ということである．ここに，∗ は商品表と納品表の
クロス結合のすべての列からなるリストを表し，商品.商品 id は商品 id が商品
表の列であることを表すためのドット記法（dot notation）である（納品.商品
id についても同様）．

導出表は次のとおりである．

商品 id	商品名	定価	商品 id	顧客 id	納品数量
g1	テレビ	198000	g1	c2	10
g1	テレビ	198000	g1	c1	3
g2	洗濯機	59800	g2	c3	10
g2	洗濯機	59800	g2	c2	5
g3	テレビ	98000	g3	c3	2

SQL では，リレーショナル代数で定義された θ-結合演算を**内部結合**（inner
join）というが，(12) は [INNER] JOIN を使って (13) のように指定すること
ができる．ここに，[ ]（大括弧）は省略可を表すので，JOIN と書けば INNER
JOIN と見なされる．

(13) **INNER JOIN を用いた等結合問合せ**

「商品の商品 id と納品した商品の商品 id が等しい商品と納品データのすべ
ての組を求めよ」

```
         SELECT *
Q₁₃:    FROM 商品 INNER JOIN 納品
         ON 商品.商品 id = 納品.商品 id
```

この SELECT 文の意味は，**ON 句**で示す「結合条件」で商品表と納品表を結

合せよということである．導出表は (12) に示したとおりである．

　INNER JOIN や OUTER JOIN（後述）とセットになっている ON 句はあくまで結合条件を表すためであり，もし "ON 商品.商品 id = 納品.商品 id" ではなく "WHERE 商品.商品 id = 納品.商品 id" とすればエラーとなる．INNER JOIN や OUTER JOIN では **WHERE 句**は対象となる表を探索条件で選択する（= 絞り込む）ためと考えるとよい．その例を次に示す．

(14)　INNER JOIN を用いた等結合問合せを WHERE 句で絞り込む

　「商品の商品 id と納品した商品の商品 id が等しい商品と納品データのすべての組から注文金額（= 定価 * 納品数量）が 500000 を超える組を求めよ」

Q_{14}:
```
SELECT *
FROM 商品 INNER JOIN 納品
ON 商品.商品 id = 納品.商品 id
WHERE 定価 * 納品数量 > 500000
```

導出表は次のとおりである．

商品 id	商品名	定価	商品 id	顧客 id	納品数量
g1	テレビ	198000	g1	c2	10
g1	テレビ	198000	g1	c1	3
g2	洗濯機	59800	g2	c3	10

(15)　NATURAL INNER JOIN を用いた問合せ

　「商品表と納品表の自然結合をとった結果を求めよ」

　自然結合をとりたいのであれば NATURAL [INNER] JOIN を使って次のように表せばよい．自然結合では等結合可能な属性すべてで結合されるので，ON 句の指定は不要である．

Q_{15}:
```
SELECT *
FROM 商品 NATURAL INNER JOIN 納品
```

導出表は次のとおりである．

商品 id	商品名	定価	顧客 id	納品数量
g1	テレビ	198000	c2	10
g1	テレビ	198000	c1	3
g2	洗濯機	59800	c3	10
g2	洗濯機	59800	c2	5
g3	テレビ	98000	c3	2

(16) 3枚の表の自然結合

「納品状況を示すすべての商品名と顧客名と納品数量の組を求めよ」

Q_{16}:
```
SELECT 商品名, 顧客名, 納品数量
FROM 商品 NATURAL INNER JOIN 納品 NATURAL INNER JOIN 顧客
```

あるいは，WHERE 句を使用して次のようにも書ける.

$Q_{16'}$:
```
SELECT 商品名, 顧客名, 納品数量
FROM 商品, 納品, 顧客
WHERE 商品.商品 id = 納品.商品 id
AND 納品.顧客 id = 顧客.顧客 id
```

導出表は次のとおりである.

商品名	顧客名	納品数量
テレビ	A 商店	3
テレビ	B 商店	10
洗濯機	B 商店	5
洗濯機	C 商店	10
テレビ	C 商店	2

■ 外部結合

さて，リレーショナル代数では θ-結合や自然結合演算が定義されたが，属性が null（空）をとる，つまり，属性がとるべき値がない，ことを考えに入れることで，その定義を拡張して**外部結合**（outer join）を定義できる．外部結合には次の3種がある.

- 左外部結合（left outer join）
- 右外部結合（right outer join）
- 完全外部結合（full outer join）

まず，左外部結合演算をリレーショナル代数で定義してみると，次のようである．

定義 10.1（左外部結合）　$R(A_1, A_2, \ldots, A_n)$ と $S(B_1, B_2, \ldots, B_m)$ を 2 つのリレーションとする．このとき R と S の A_i と B_j 上の左外部結合，これを $R \bowtie_{A_i \theta B_j} S$ と表す，は次のように表されるリレーションである．

$$R \bowtie_{A_i \theta B_j} S = R \bowtie_{A_i \theta B_j} \cup \{(t, n) \mid t \in R \wedge \neg((\exists u \in S)(t[A_i] \, \theta \, u[B_j]))\}$$

ここに，$t = (a_1, a_2, \ldots, a_n)$，$n = (\text{null}, \text{null}, \ldots, \text{null})$ としたとき（タップル n の次数は m），(t, n) は，$(t, n) = (a_1, a_2, \ldots, a_n, \text{null}, \text{null}, \ldots, \text{null})$ と定義される $n + m$ 次のタップルである．比較演算子 θ は，$\theta \in \{=, \neq, <, >, \leq, \geq\}$ とする．

直観的には，R と S の左外部結合 $R \bowtie_{A_i \theta B_j} S$ は，R と S の θ-結合の結果と，S と θ-結合できなかった R のタップル t については，$t = (a_1, a_2, \ldots, a_n)$ としたとき，$(a_1, a_2, \ldots, a_n, \text{null}, \text{null}, \ldots, \text{null})$ という $n + m$ 次のタップルを生成して，そのようなタップルの集まりと R と S の θ-結合の結果との和集合と定義される．

右外部結合 $R \bowtie_{A_i \theta B_j} S$ や完全外部結合 $R \bowtie_{A_i \theta B_j} S$ も同様に定義される．

SQL での外部結合演算の使い方を見ていくと，続く (17)〜(19) の例は比較演算子 θ が等号（=）の場合であるが，一般には等号に限らず，不等号（<>），より小さい（<），より大きい（>），以下（=<），以上（>=）であってかまわない．また，ここでも ON 句は結合条件を指定するために使われている．

(17)　**LEFT OUTER JOIN** を用いた問合せ

「すべての商品について納品状況を求めよ」

```
        SELECT *
Q₁₇:    FROM 商品 LEFT OUTER JOIN 納品
        ON 商品.商品 id = 納品.商品 id
```

　導出表は次のとおりである．表示されているとおり，LEFT [OUTER] JOIN
を用いているので，商品 id = g4 についてはまだ納品先がないことが分かる．
"null" で値が無いことを表しているが，実システムでは空欄であることが多い．

商品 id	商品名	定価	商品 id	顧客 id	納品数量
g1	テレビ	198000	g1	c2	10
g1	テレビ	198000	g1	c1	3
g2	洗濯機	59800	g2	c3	10
g2	洗濯機	59800	g2	c2	5
g3	テレビ	98000	g3	c3	2
g4	冷蔵庫	248000	null	null	null

　右外部結合は RIGHT [OUTER] JOIN を，完全外部結合は FULL [OUTER]
JOIN を指定する．

　ちなみに，図 10.1 に示されたインスタンスでは，商品表と納品表をこの順
で RIGHT [OUTER] JOIN をとると導出表は [INNER] JOIN（内部結合）を
とった場合と同一となり，FULL [OUTER] JOIN をとった場合は上記の左外部
結合の場合と同じになる．

(18)　3 枚の表を LEFT OUTER JOIN する問合せ
　「すべての顧客に対する納品と商品の状況を求めよ」

Q_{18}:
```
SELECT *
FROM 顧客 LEFT OUTER JOIN 納品
ON 顧客.顧客 id = 納品.顧客 id
LEFT OUTER JOIN 商品 ON 納品.商品 id = 商品.商品 id
```

　この SELECT 文では "ON 顧客.顧客 id = 納品.顧客 id" と指定された結合
条件で顧客表と納品表の LEFT [OUTER] JOIN がとられ，その結果と商品表
が "ON 納品.商品 id = 商品.商品 id" と指定された結合条件で LEFT [OUTER]
JOIN がとられている．

　導出表は次のとおりである．

顧客 id	顧客名	商品 id	顧客 id	納品数量	商品 id	商品名	定価
c1	A 商店	g1	c1	3	g1	テレビ	198000
c2	B 商店	g1	c2	10	g1	テレビ	198000
c2	B 商店	g2	c2	5	g2	洗濯機	59800
c3	C 商店	g2	c3	10	g2	洗濯機	59800
c3	C 商店	g3	c3	2	g3	テレビ	98000
c4	D 商店	null	null	null	null	null	null

(19)　3 枚の表の FULL OUTER JOIN をとる問合せ

「すべての顧客，すべての納品，すべての商品の関係性を求めよ」

$Q_{19}:$
```
SELECT *
FROM 顧客 FULL OUTER JOIN 納品
ON 顧客.顧客 id = 納品.顧客 id
FULL OUTER JOIN 商品 ON 納品.商品 id = 商品.商品 id
```

導出表は次のとおりである．この導出表から顧客番号 c4 の D 商店にはまだ何も商品を納入していないこと，そして商品番号 g4 の冷蔵庫はまだどこにも納入していないことが分かる．

顧客 id	顧客名	商品 id	顧客 id	納品数量	商品 id	商品名	定価
c1	A 商店	g1	c1	3	g1	テレビ	198000
c2	B 商店	g1	c2	10	g1	テレビ	198000
c2	B 商店	g2	c2	5	g2	洗濯機	59800
c3	C 商店	g2	c3	10	g2	洗濯機	59800
c3	C 商店	g3	c3	2	g3	テレビ	98000
c4	D 商店	null	null	null	null	null	null
null	null	null	null	null	g4	冷蔵庫	248000

(20)　自己結合

「直属の上司よりも高給をとっている社員の社員 id とその上司の社員 id を求めよ」，ここに社員表は図9.3 のとおりとする．

$Q_{20}:$
```
SELECT X.社員 id, Y.社員 id
FROM 社員 X, 社員 Y
WHERE X.上司 = Y.社員 id
AND X.給与 > Y.給与
```

Q_{20} に現れる X や Y は**相関名**（correlation name）と呼ばれ，この例では，社員表の行1本1本を値としてとる変数である．自分（＝社員表）が自分と結合するので**自己結合**（self-join）と呼ばれるが，X と Y が指しているタップルの役割が異なっていることに注意する（Y は X の直属の上司を指している）．相関名を使用しないと上記の問合せは書けないことに注意する．

導出表は次のとおりである．

社員 id	社員 id
231	1508
713	650

10.3 入れ子型問合せ

SQL では問合せ指定の WHERE 句の探索条件にまた問合せ指定が入ることが許されている．このような問合せ指定を入れ子型問合せという．入れ子となった問合せ指定を SQL では**副問合せ**（subquery）という．入れ子は何段にもわたってよい．大別して次の2つのタイプがある．

- **相関を有しない入れ子型問合せ**

    入れ子となっている問合せ指定が，（直接あるいは間接に）外側にある問合せ指定と全く関係なく独立して処理できるタイプの問合せをいう．

- **相関を有する入れ子型問合せ**（correlated nested query）

    入れ子となった問合せ指定を外側の表から1本ずつ行をもらいながら処理していかねばならないタイプの問合せをいう．

(21) 相関を有しない入れ子型問合せ

「商品 id が g1 の商品を納品した顧客の顧客 id と顧客名を求めよ」

```
      SELECT 顧客 id, 顧客名
      FROM 顧客
      WHERE 顧客 id IN
Q₂₁:  (SELECT 顧客 id
      FROM 納品
      WHERE 商品 id = 'g1')
```

　ここで **IN 句**について述べておくと，IN は SQL で導入されリレーショナル代数にはなかった比較演算子であり，X をリスト $(x_1, x_2, \ldots, x_n)$ とするとき，x IN X は

$$x = x_1 \text{ OR } x = x_2 \text{ OR } \cdots \text{ OR } x = x_n$$

と等価な述語を表す.

　さて，上述の問合せに議論を戻すと，入れ子となった問合せ指定である

```
SELECT 顧客 id
FROM 納品
WHERE 商品 id = 'g1'
```

をまず計算し，次の導出表を得る.

顧客 id
c1
c2

　したがって元の問合せ指定は，

```
SELECT 顧客 id, 顧客名
FROM 顧客
WHERE 顧客 id IN ('c1', 'c2')
```

となり，単純問合せに帰着している. ここに ('c1', 'c2') はリストを表す.

　なお，Q_{21} は次に示すような結合問合せでも書ける.

```
        SELECT 顧客.顧客id, 顧客名
        FROM 納品, 顧客
Q21′：  WHERE 納品.顧客id = 顧客.顧客id
        AND 商品id = 'g1'
```

Q_{21} と $Q_{21'}$ の導出表は次のとおりである.

顧客id	顧客名
c1	A 商店
c2	B 商店

Q_{21} と $Q_{21'}$ のどちらを選ぶかは問合せを発するユーザ次第である.

(22)　**相関を有する入れ子型問合せ**

「商品idが g1 の商品を納品した顧客の顧客idと顧客名を求めよ」

```
        SELECT X.顧客id, X.顧客名
        FROM 顧客 X
        WHERE 'g1' IN
Q22：      (SELECT 商品id
           FROM 納品
           WHERE 顧客id = X.顧客id)
```

Q_{21} も Q_{22} も問合せ内容は全く同一であるが,前者は相関を使わず,後者は相関を使って問合せを書き下した点が異なる.したがって,導出表は (21) で示したものと同一であるが,問合せの処理法は異なる.

Q_{22} を処理するには,まず,顧客表の第 1 行 (c1, A 商店) を固定し,その顧客idが c1 であることを使って入れ子となった問合せ指定の処理をする.つまり,処理すべき入れ子となった問合せは

```
SELECT 商品id
FROM 納品
WHERE 顧客id = 'c1'
```

となる.この問合せの導出表は {g1} となるので,外側の問合せ指定の探索条件が真となり,まず c1 とその顧客名である A 商店が問合せ指定の結果となる.次

いで，顧客表の第 2 行をとって以下同様に顧客表の行を尽くすまで，処理をしていくと所望の導出表が得られる．

　入れ子型問合せを SQL がサポートするのは，「段階的思考」を表現できるようにするためである．

　上記の「商品 id が g1 の商品を納品した顧客の顧客 id と顧客名を求めよ」という問い合わせは入れ子型問合せでも結合問合せでも書き下すことができたが，入れ子型でしか書き表せない問合せもある．それを次に示す．

(23)　入れ子型でしか書き表せない問合せ

　「平均定価より高い商品の商品 id を求めよ」

$$
Q_{23}: \quad
\begin{array}{l}
\text{SELECT 商品 id} \\
\text{FROM 商品} \\
\text{WHERE 定価 >} \\
\quad \text{(SELECT AVG(定価)} \\
\quad \text{FROM 商品)}
\end{array}
$$

導出表は次のとおりである．

商品 id
g1
g4

　この問合せは，まず定価の平均値を求めてからでないと処理できないので，入れ子型問合せでしか書けない．

■ 10.4　再帰問合せ

　SQL:1999 の改正で，再帰問合せ（recursive query）が規格化された．一般に再帰とは同じ処理を繰り返す（= ループする）ということであるから，再帰問合せとは同じ問合せを繰り返し適用して問合せの結果を得ようとする．典型例としては，**BOM**（bill of materials, **部品表**）から，ある部品を構成しているすべての子部品，それらの子部品を構成しているすべての子部品（親部品からすれば孫部品），··· を求めるという問合せを挙げられる．なお，BOM という用語に馴染みがないかもしれないが，BOM はエンジニアリング的な意味合いに

止まらず，たとえば，ある会社の営業部は営業 1 課と営業 2 課からなり，営業 1
課は営業 1 課 1 係，営業 1 課 2 係，営業 1 課 3 係からなる，…，あるいはカッ
プラーメンは麺と具材からなり具材はスープとかやく（加薬）からなるといっ
た関係はすべて「親–子」の関係で表され，例示には事欠かない．このように，
BOM は設計，製造，販売，サービスなど実に様々な分野で登場するのでデータ
サイエンティストにとっては必ず理解しておかねばならない概念であろう．

　さて，再帰問合せを理解するにはまず WITH 句を理解しなければならない．
なぜならば再帰問合せは WITH 句の拡張であるからである．

■　WITH 句

　問合せを書き下す際に同じ副問合せを何度でも用いたい場合がある．**WITH**
句はそのための機能である．

　簡単な例として，部品表 BOM が 図 10.2 のようであったとする．ここに，
null は親部品 id の値がないことを表す．

　図 10.2 の BOM をもとに親部品 g1 と g2 の部品展開を木表現（tree repre-
sentation）として図示すれば 図 10.3 のとおりである．

BOM

部品 id	親部品 id
g1	null
p11	g1
p12	g1
p13	g1
p111	p11
p112	p11
g2	null
p21	g2
p22	g2
p211	p21
p212	p21
p213	p21
p221	p22

（13 行）

図 10.2　BOM の一例

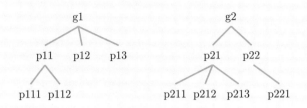

図 10.3　BOM の木表現

そこで，まず，WITH 句の働きを見るために，次の問合せが発行されたとする．

(24)　WITH 句を用いた問合せ

「最も多くの部品を直下に有する部品 id とその子部品数を求めよ」

```
          WITH 子部品数 (部品 id, 子部品数) AS
          (SELECT 親部品 id, COUNT(部品 id)
           FROM BOM                              共通表式
           GROUP BY 親部品 id)
   Q24:  SELECT X.部品 id, X.子部品数
          FROM 子部品数 X
          WHERE X.子部品数                        問合せ本体
            =(SELECT MAX(Y.子部品数)
              FROM 子部品数 Y)
```

WITH 句は，キーワード WITH を指定し，それに続けてその問合せ式の中で参照するための導出表の宣言をキーワード AS で指定する．WITH 句で指定された問合せ式を**共通表式**（common table expression, **CTE**）という．なお，老婆心ながら，この例では「子部品数」が表の名前としても列の名前としても使われているが，その違いはメタデータとして管理されているので混乱は生じないことを付言する．

Q_{24} の導出表は次のとおりである．

部品 id	子部品数
p21	3
g1	3

■　RECURSIVE 指定の WITH 句

　さて，上掲の問合せ Q_{24} では部品数は親子の関係だけに限定されており，子部品の子部品，つまり，親部品から見れば孫部品や曾孫部品がどのような部品であるのかとか，それらの総数までは問うていないことに注意したい．

　では，たとえば g1 の部品を子や孫まで広げれば p11，p12，p13，p111，p112 であり，あるいはその総数は 5 であることを求めるにはどうしたらよいのであろうか？

　この問合せを書き下すために再帰問合せを使用する．再帰問合せは WITH 句に **RECURSIVE 指定**を付加することによって，共通表式に付けた問合せ名をその共通表式自身の中で自己参照する．再帰問合せのほとんどは UNION ALL を使用して導出結果を蓄積していく再帰部からなるパターンを有する．ここに，UNION ALL は表の**加法和**[1]（additive union）をとる SQL の演算である．

(25)　WITH RECURSIVE 指定を用いた再帰問合せ―その 1―

　「部品 id が g1 のすべての子部品を求めよ」

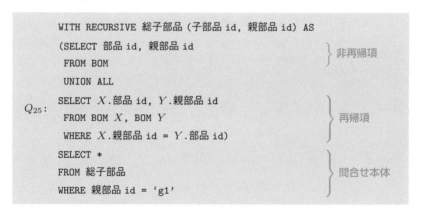

　導出表は次のとおりである．

---

[1] たとえば，$R = \{1, 2\}$ と $S = \{2, 3\}$ の加法和は $R \uplus S = \{1, 2, 2, 3\}$ である．ちなみに，R と S の和（バッグ意味論では最大和という）は $R \cup S = \{1, 2, 3\}$ である．

子部品 id	親部品 id
p11	g1
p12	g1
p13	g1
p111	g1
p112	g1

　少しく説明を加えると，RECURSIVE 指定の WITH 句でこの再帰問合せの
ための**一時表**（temporary table）として 総子部品 (子部品 id, 親部品 id) が定義
されている．一時表とはこの問合せを処理している間だけ存在している表であ
る．この例では，一時表の総子部品は BOM が 2 回自己結合されると得られる
が，g1 や g2 の親部品 id が null になるのはもちろんであるが，g1 と g2 の直下
の子部品である p11，p12，p13 と p21，p22 の親部品 id は祖父あるいは祖母の
関係になるから null となる．

　ちなみに，一時表の 総子部品 (子部品 id, 親部品 id) がどのような表なのかは，
Q_{25} の問合せ本体を次のように指定すれば見られる．

```
SELECT *
FROM 総子部品
```
}問合せ本体

導出表は次のとおりである．

総子部品

子部品 id	親部品 id
g1	null
p11	g1
p12	g1
p13	g1
p111	p11
p112	p11
g2	null
p21	g2
p22	g2
p211	p21

p212	p21
p213	p21
p221	p22
p11	null
p12	null
p13	null
p111	g1
p112	g1
p21	null
p22	null
p211	g2
p212	g2
p213	g2
p221	g2

（24 行）

(26)　**WITH RECURSIVE 指定を用いた再帰問合せ―その 2―**

「部品 id が g1 の総子部品数を求めよ」

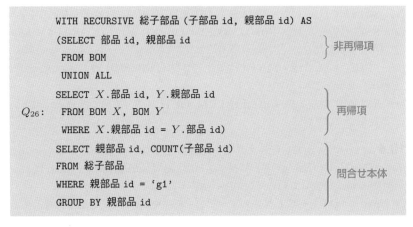

```
       WITH RECURSIVE 総子部品 (子部品 id, 親部品 id) AS
       (SELECT 部品 id, 親部品 id                          ⎫
        FROM BOM                                          ⎬ 非再帰項
        UNION ALL                                         ⎭
        SELECT X.部品 id, Y.親部品 id                       ⎫
Q26:    FROM BOM X, BOM Y                                 ⎬ 再帰項
        WHERE X.親部品 id = Y.部品 id)                      ⎭
       SELECT 親部品 id, COUNT(子部品 id)                    ⎫
       FROM 総子部品                                        ⎬ 問合せ本体
       WHERE 親部品 id = 'g1'                               ⎬
       GROUP BY 親部品 id                                   ⎭
```

導出表は次のとおりである.

親部品 id	COUNT
g1	5

10章の演習問題

10.1 リレーション 社員 (社員 id, 氏名, 所属, 給与, 上司), ここに dom(社員 id) = dom(上司), があるとする. このとき, 次の問いに答えなさい.

(1) 平均給与より高給をとっている社員の社員 id と氏名を求める SQL 文を示しなさい.

(2) 直属の上司より高給をとっている社員の社員 id と氏名を求める SQL 文を示しなさい.

(3) 直属の上司の直属の上司より高給をとっている社員の社員 id と氏名を求める SQL 文を示しなさい.

10.2 リレーション 商品 (商品 id, 商品名, 価格) と 納品 (商品 id, 顧客 id, 納品数量) があるとする. 次の問いに答えなさい.

(1) リレーション 商品 と 納品 を商品 id で自然結合を求める SQL 文を示しなさい.

(2) リレーション 商品 と 納品 の商品 id 上の左外結合を求める SQL 文を示しなさい.

10.3 リレーションスキーマ $t1(a\ \text{integer}, b\ \text{integer})$ と $t2(b\ \text{integer}, c\ \text{integer})$ が定義され, それらのインスタンスを $t1 = \{(1,1), (2,2)\}$, $t2 = \{(2,2), (3,3)\}$ とする. 次の問いに答えなさい.

(1) SELECT t1.*, t2.c FROM t1 NATURAL JOIN t2 の導出表を示しなさい.

(2) SELECT t1.*, t2.* FROM t1 LEFT OUTER JOIN t2 ON $t1.b = t2.b$ の導出表を示しなさい.

(3) SELECT t1.*, t2.* FROM t1 RIGHT OUTER JOIN t2 ON $t1.b = t2.b$ の導出表を示しなさい.

(4) SELECT t1.*, t2.* FROM t1 FULL OUTER JOIN t2 ON $t1.b = t2.b$ の導出表を示しなさい.

10.4 いわゆる BOM を表すリレーションを $\text{parts}(\text{pid}, \text{ppid}) = \{(\text{g1}, \text{null}), (\text{p1}, \text{g1}), (\text{p2}, \text{g1}), (\text{p11}, \text{p1})\}$ とする. ここに, pid は part identifier, ppid は parent part identifier を表している. 次の問いに答えなさい.

(1) pid = 'g1' を構成しているすべての子部品を求める SQL 文を作成してみなさい.

(2) その導出表を示しなさい.

第11章
SQLとデータベース
アプリケーション

11.1　データベースアプリケーションと SQLの計算完備性

　データベースアプリケーション（database application）とは DBMS で管理されているデータベースのデータをアクセスしながら所望の処理を行おうとするアプリケーションをいう．したがって，データベースアプリケーションが実行されるとデータベースのデータを読むばかりではなく，データベースのデータが更新されることもありうる．ここに，アプリケーションがアプリケーションプログラムの略であるように，データベースアプリケーションはデータベースアプリケーションプログラムの略である．なお，**データセット**（data set）は DBMS で管理されていないデータの集合体をいう．したがって，データセットを使ったアプリケーションはデータベースアプリケーションとはいわない．

　さて，SQL はリレーショナル代数で定義されている演算をすべて行うことができるので，リレーショナル完備であるといわれる．一方，C や Java や Python といったプログラミング言語は様々な計算を行えるので，計算完備といわれる．SQL は当初，リレーショナル完備ではあるものの計算完備ではなかったが，SQL:1999 で再帰問合せが規格化されて，それを使うとあらゆる計算を行えることが証明されて，計算完備となった．しかしながら，これはあくまで理論上のことであって，SQL ですべてのデータベースアプリケーションを書き下すのかといわれれば，答えは否で，それは別の話となる．なぜならば，再帰問合せの導入の目的は，SQL を計算完備にすることではなく，たとえば，部品展開（10.4節）や経路探索のような問題を SQL 文で直接書き下せるようにすることにあったからである．

とはいえ，データがリレーショナル DBMS で管理されている状況下では，様々なデータベースアプリケーションを実行するために必要なデータはリレーショナルデーベースに格納されているので，そのデータを SQL でアクセスしないで所望のデータベースアプリケーションを書き下すことは難しいであろう．したがって，（理論上は計算完備ではあるとはいえ）実用上は計算完備とは言い難い SQL をどのように使いこなしてリレーショナル完備に加えて計算完備でもあるデータベースアプリケーション開発環境をリレーショナル DBMS 上に創り出すのかが工夫されてきた．言うまでもなく，その仕組みを理解しておくことはデータサイエンティストがデータ分析を行ったり分析モデルを構築しようとしたときの必須事項であろう．

　本章ではこの問題を次に示す 3 つの観点から概観する．関連して章末で動的SQL に言及する．

- SQL の計算完備性
- 埋込み SQL 親プログラム
- SQL/PSM

　本節では，まず，SQL の計算完備性について述べる．

　一般にプログラミング言語は**計算完備**（computationally complete）だといわれている．なぜならば，プログラミング言語はあらゆるアルゴリズムを書き表すことができるとされているからである．一方，SQL はリレーショナル代数演算をすべて書き表すことができるので**リレーショナル完備**（relationally complete）といわれている．

　さて，SQL は SQL-87 や SQL-92 では計算完備ではなかったが，SQL:1999 で再帰問合せが導入されたことにより SQL それ自体で計算完備になった．その証明は次のステップを踏むことで与えられる．

1. ある計算のメカニズムがいかなるチューリングマシンもシミュレートできるとき計算完備であるという（計算完備の定義）．

2. あるチューリングマシン T について，T をシミュレートするタグシステム（tag system）が必ず存在する．

3. タグシステムを巡回タグシステム（cyclic tag system）でシミュレートできる．

4. 巡回タグシステムを再帰問合せを使って SQL でシミュレートできる.
したがって，SQL は計算完備である.

　この証明は本書の枠を超えていると考えられるので省略するが，巡回タグシステムの説明や，ステップ 4 の詳細な説明は拙著[4]に与えられているので，興味を抱いた読者には一読を薦める．要するに，SQL:1999 以降の SQL はリレーショナル完備かつ計算完備，すなわち SQL だけでデータベースアプリケーションは何でも書き下せるということが理論的に証明されたということである．しかしながら，これはあくまで理論上のことであって，実際に再帰問合せを駆使して SQL だけでデータベースアプリケーションを書き下すことは，前述のとおり，再帰問合せ規格化の意図でも目的でもない．では，SQL はリレーショナル完備でかつ計算完備なデータベースアプリケーション開発環境をどのようにしてユーザに提供してきたのか？　それを見てみる．それが，埋込み SQL 親プログラムと SQL/PSM である.

　歴史的に見ると，SQL の初めての国際標準である SQL-87 の附属書（annex）で埋込み SQL 親プログラムが規格化されている．しかしながら，これはホストコンピューティング環境下でのデータベースアプリケーションの開発を想定しての規格であった．したがって，1990 年代から盛んになってきたクライアント／サーバ（C/S）コンピューティング環境下でのデータベースアプリケーションの開発には不向きであった．この問題を解決するために，SQL:1999 で，オプションとして「SQL:1999 第 4 部：永続格納モジュール（SQL/PSM）」が規格化された．11.3 節で見るように，SQL/PSM はそれ自体で計算完備となるように，SQL の基本機能である「データベース言語 SQL 第 2 部：基本機能（SQL Foundation）」には見られない「制御文」を制定してそれを可能としている．以下，埋込み SQL 親プログラム，SQL/PSM を順に概観する.

11.2　埋込み SQL 親プログラム

　SQL の初めての国際標準である SQL-87 の附属書（annex）で**埋込み SQL 親プログラム**（embedded SQL host program）が規格化された．あくまで標準の不可欠な部分ではないとの但し書きがあるが，COBOL，FORTRAN，Pascal，PL/I で書かれたアプリケーションプログラムに SQL 文を埋め込む（embed）

ことにより，データベースアプリケーションを書き下すことができる．つまり，SQL はリレーショナル完備ではあるが計算完備ではないのでデータベースアプリケーションを書き下す力はないが，計算完備なプログラミング言語の力を借りて，すなわち SQL 文をそれらの言語で書かれるプログラムに埋め込んで，リレーショナル完備でかつ計算完備なデータベースアプリケーションの開発を可能としたということである．

　現在，埋込み SQL 親プログラミング言語には Ada，C，COBOL，Fortran，MUMPS，Pascal，PL/I があるが（SQL:2023 規格による），本節ではかつて IBM が開発したプログラミング言語 PL/I で書かれたアプリケーションプログラムに SQL を埋め込んだ PLI/SQL を例としてその概略を述べる．PL/I は読者によっては馴染みのないプログラミング言語かもしれないが，現在も COBOL と並んで銀行系のホストコンピューティング環境で稼働しており，また次に例示する PLI/SQL で書かれた埋込み SQL 親プログラムの構造はプログラミング言語の違いを越えてほぼ同一であるので参考になるものと考えられる．

例 11.1（埋込み SQL 親プログラム）　埋込み SQL 親プログラムの例（概略）を 図 11.1 に示す．まず，PLI/SQL プログラムは通常の PL/I プログラムのスタイルで始まる．EXAMPLE はこのアプリケーションの手続名である．アプリケーションは PROCEDURE 文で始まり，END 文に手続名を付けて終わる．文の区切りには記号 ;（セミコロン）を付ける．DCL は DECLARE 文の略で，データの属性を指定する．たとえば，FIXED DECIMAL(12, 0) は基数が 10 進（decimal），尺度は固定小数点（fixed point），精度は全体の桁数が 12 で小数部分の桁数が 0 を表している．

　次に，PLI/SQL プログラム中の接頭辞（prefix）EXEC SQL で始まり ;（セミコロン）で終わる数行が，埋込み SQL の SELECT 文であったり UPDATE 文であったりする．この例は，図 9.3 で示した社員表を使って，所属が k55 の社員の給与値の 2 乗平均平方根（root mean square, RMS）を計算し出力するプログラムの概略を示している．$Z = Z + SAL \times SAL$ で平方根をとるための下準備をし，カーソルを閉じたあと，SQRT 関数を用いてそれを計算し，出力（PUT LIST）している．ここに，SQLCODE

は導出表を読み尽くすまでは 0 で，読み尽くすと例外条件が発生し 0 以外の値になり，WHILE 文を終了させる.

```
EXAMPLE: PROCEDURE OPTIONS(MAIN);
         DCL Z FIXED DECIMAL(12, 0);
         DCL SDEV FIXED DECIMAL(6, 0);
         EXEC SQL BEGIN DECLARE SECTION;
         DCL Y CHAR(3);
         DCL SAL FIXED DECIMAL(6, 0);
         DCL SQLSTATE CHAR(5);
         EXEC SQL END DECLARE SECTION;
         Y = 'K55';
         Z = 0; N = 0;
         EXEC SQL DECLARE sal_cursor CURSOR FOR
                  SELECT 給与
                  FROM 社員
                  WHERE 部門 = Y;
         EXEC SQL OPEN sal_cursor;
LOOP: DO WHILE(SQLSTATE = '00000');
              EXEC SQL FETCH sal_cursor
                       INTO: SAL;
                  Z = Z + SAL * SAL; N = N + 1;
              END LOOP;
         EXEC SQL CLOSE sal_cursor;
         RMS = SQRT(Z/N);
         PUT LIST(RMS);
END EXAMPLE;
```

図11.1　PLI/SQL プログラムの一例（概略）

　SQL 文をプログラムに埋め込んだ場合に発生する現象として注意すべきことに，**カーソル**（cursor）の使用がある．カーソルを用いることによって，SQL の SELECT 文の実行で得られた導出表の行の 1 本 1 本を親プログラムの変数に引き渡すことが可能となる．つまり，親プログラミング言語には（リレーショナルデータベースの表を直接の処理対象にはしていないから）表を直接扱える表型（table type）というようなデータ型はなく，たとえば，社員表から所属が k55 である社員全体を SELECT 文で選択したとしても，親プログラムではその導出表を（集合あるいはマルチ集合のまま）一括して受取り処理することはできないので，導出表を行 1 本 1 本にバラして親プログラムに引き渡すということで

ある．これは，リレーショナルデータベースレベルではデータをリレーション
という集合単位で処理できるのに対して，埋込み SQL 親プログラムではタップ
ル単位での処理しかできず，全体としての処理効率を損なうことになり，これ
は**インピーダンスミスマッチ**（impedance mismatch）の問題として認識されて
いる[1]．ここにインピーダンスとは，本来は電気工学で使われる用語で，特性の
異なる導線を繋いだとき，そこで電流の流れがスムーズでなくなる現象を指し
ている．

　図11.2 に埋込み SQL 親プログラムが DBMS でどのように処理されるか，
その様子を大まかに示している．埋込み SQL 親プログラムはプログラミング言
語テキストと SQL テキストからなる．埋込み SQL 親プログラムをプログラミ
ング言語のコンパイラにかけると，接頭辞の EXEC SQL の存在などでコンパ
イルエラーになるから，前置コンパイラ（pre-compiler）を置き，埋込み SQL
親プログラムをプログラミング言語テキスト部（埋込み SQL 文が CALL 文に
置き換えられた標準プログラミング言語のプログラム）と SQL テキスト部（モ
ジュール）に分離される．前者は標準プログラミング言語コンパイラに，後者は

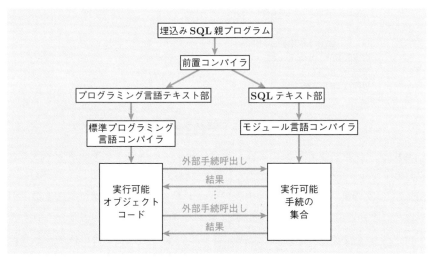

図11.2　埋込み SQL プログラムの実行

---

[1] このことは，SQL は宣言的であるが，Ada, C, COBOL, Fortran, MUMPUS, Pascal, PL/I
などのプログラミング言語は手続的であることによると言い換えてもよい．

モジュール言語コンパイラにかけられる．その結果，各々，実行可能オブジェクトコードと実行可能手続の集合が生成される．実行可能オブジェクトコードが実行されると，**外部手続呼出し**（external procedure call）で実行可能手続が呼び出され，SQL の実行結果が返されていく．この一連の処理で埋込み SQL 親プログラムは所望の処理を行うことができる．

11.3 SQL/PSM

　SQL/PSM の制定に至った経緯を簡単に紹介しておく．前述のとおり，SQL/PSM の制定にいたった背景にはコンピューティングのパラダイムシフトがある．歴史的には，ホストコンピューティングから始まったが，1990 年代に入るとコンピュータの小型化と高性能化，そしてネットワーク環境の発達で**クライアント／サーバコンピューティング**（C/S computing，**C/S コンピューティング**）にシフトしていった．

　そこで，まず指摘しておかねばならぬことは，埋込み SQL 親プログラムという考え方はホストコンピューティングパラダイムでは極めて素直な発想といえるが，C/S コンピューティングのパラダイムでは問題含みとなる．なぜならばクライアントとサーバの間にデータ通信のためのネットワークが存在しているからである．図 11.3 (a) にその状況を示すが，クライアントはデータベースアプリケーションの実行にあたりサーバに SQL 文の実行を依頼し，サーバは実行結果をクライアントに送るという操作を何度も繰り返し行うこととなる．このとき，何が問題かというと，このやり取りごとにクライアントとサーバに負荷がかかること，そしてネットワークに負荷がかかることである．その結果，クライアント側からするとデータベースアプリケーションの処理に時間がかかり，

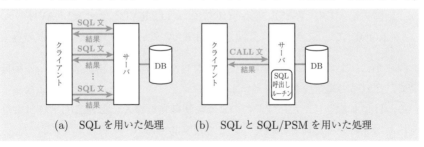

(a) SQL を用いた処理　　(b) SQL と SQL/PSM を用いた処理

図 11.3　SQL/PSM と C/S コンピューティング

システム全体として単位時間当たりに処理できるデータベースアプリケーションの数が上がらずパフォーマンスが出ないということになる.

では, この問題をどのようにして解決するか? その答えが「SQL:1999 第 4 部:永続格納モジュール (SQL/PSM)」で規格化された**SQL/PSM** (SQL/Persistent Stored Module, SQL 永続格納モジュール) であった. 図 11.3 (b) に SQL/SPM の下でデータベースアプリケーションが実行される様子を示すが, 極めて自然な発想と考えられる. つまり SQL/PSM の要点は次の 2 つである.

1. クライアントが必要とする手続き (procedure) や関数 (function), これらを**SQL 呼出しルーチン** (SQL-invoked routine) という, をあらかじめコンパイルして実行モジュールとしてサーバの 2 次記憶に格納し永続化しておく. その結果, クライアントは SQL の CALL 文をサーバに送信するだけでそれらを呼び出して所望の結果を得ることができる.

2. クライアントがリレーショナル完備かつ計算完備な環境下でデータベースアプリケーションを書き下せるようにするため, SQL 呼出しルーチンを記述する SQL/PSL を計算完備とする.

1. に補足をすれば, 永続化された手続きや関数は様々なデータベースアプリケーションから繰り返し共用が可能となるので, データベースアプリケーション開発の生産性の向上が期待できる. 加えて, システム全体としてのパフォーマンスの向上が期待できる. 2. に補足をすれば, 本来 SQL はデータベースアプリケーション開発のために必要な機能を十分に備えた言語ではないので, それを補完するための SQL 呼出しルーチンを記述する SQL/PSM をどのようにして計算完備にしたのかであるが, そのために SQL/PSM は次に示す**制御文** (control statement) の導入を行った.

制御文としての<CASE 文>, <IF 文>, <ITERATE 文>, <LEAVE 文>, <LOOP 文>, <WHILE 文>, <REPEAT 文>, <FOR 文>, などの導入

明らかに, 上で示した制御文は従来のプログラミング言語が備えている制御文で, それらの機能を使うことによりプログラミング言語は計算完備となっているわけである. したがって, このような制御文を導入した SQL/PSM は計算完備だろうといっているわけで, とても現実的である.

なお, SQL/PSM の計算完備性については SQL:1999 としてもとても 拘 りがあ

るようである（そうでないと SQL/PSM の意味がないから）．つまり，SQL:1999
規格の附属書 F（Annex F）「SQL の機能（feature）の分類」が与えられている
が，そこでは機能分類 P002<計算完備性>のもとで，機能 ID が P002-01 の<複
合文>から始まり，P002-16 の「**外部呼出し手続**（externally-invoked procedure）
の SQL 文としての<SQL 制御文>」に至る 16 個の機能の説明がある．それら
の機能の定義は附属書 A「SQL 適合性の要約」の中で規定されていて，たとえ
ば<IF 文>については次のようである．

『機能 P002"計算完備性" なしでは，適合する SQL 言語は，<IF 文>
を含んではならない』

このような規定は<IF 文>だけでなく<複合文>，<ハンドラ宣言>，<条件宣
言>，<SQL 変数宣言>，<代入文>，<CASE 文>，<ITERATE 文>，<LEAVE
文>，<LOOP 文>，<REPEAT 文>，<WHILE 文>，<FOR 文>，<SIGNAL
文>，<RESIGNAL 文>，計 15 個の機能についても同様に与えられている．つ
まり，リレーショナル DBMS が SQL/PSM をサポートし計算完備を謳うので
あれば，これら 15 個の文（statement）をすべて実装しなければならないといっ
ている．

なお，SQL/PSM のルーツは Oracle DB の PL/SQL であり，PostgreSQL で
は PL/pgSQL をサポートしている．PL は procedural language の頭字語であ
ることから分かるように，これらは SQL とは違って（IF 文などの制御文を含
むから）手続的なプログラミング言語である．

▌ **11.4 動 的 SQL**

動的 SQL は SQL を計算完備にするための機能ではないので本題からはそれ
るが，埋込 SQL 親プログラムの稼働を前提に，インタラクティブにデータベー
スアプリケーションの実行を行える環境を提供してくれるので取り上げる．

これまで暗黙の了解として，データベースアプリケーションに記載されてい
る SQL 文はその実行前にすべてが分かっており，それをそのままコンパイルし
て実行可能なモジュールを生成できるとしてきた．しかしながら，オンライン
でインタラクティブなデータベースアプリケーションをサポートしようとする
と，アプリケーションを書き下した時点では SQL 文（のすべて）が分かっていな

い場合が起こりうる．このようなときには，アプリケーションの実行時に SQL
文をようやく特定することができるという意味で通常の SQL 文とは異なり，そ
れを可能とする機能が SQL-92 で規格化された**動的 SQL**（dynamic SQL）であ
る．動的 SQL が機能するには，埋込み SQL 親プログラムがデータベースアプ
リケーションとして動いており，そのもとで端末から打ち込まれたユーザのコ
マンドに対応して，適切な SQL 文が生成され，それがその場でコンパイルされ
て実行され，結果を返してくる状況が典型的となる．

　そのために，SQL では，PREPARE 文と EXECUTE 文が用意されている．
図 11.4 に端末から打ち込まれた可変長の文字列型の SQL 文をその場でコン
パイルし実行する埋込み SQL 親プログラミング言語 PL/I で書き下されたプロ
グラムの概略を示す．たとえば，ユーザが端末から「UPDATE 社員 SET 給
与 = 給与 * 1.2 WHERE 給与 < 20」と打ち込めば，GET 文により，それはア
プリケーション DYSQL に取り込まれ，PREPARE 文によりコンパイルされ，
EXECUTE 文により実行される．

```
DYSQL: PROCEDURE OPTIONS(MAIN);
       EXEC SQL BEGIN DECLARE SECTION;
       DCL  SQLSOURCE CHAR VARYING(1000);
       EXEC SQL END DECLARE SECTION;
       GET  LIST(SQLSOURCE);
       EXEC SQL PREPARE INPUT:SQLSOURCE;
       EXEC SQL EXECUTE INPUT;
END DYSQL;
```

図 11.4　動的 SQL 機能の概略

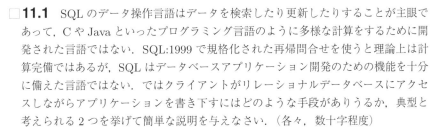

11章の演習問題

☐ **11.1**　SQL のデータ操作言語はデータを検索したり更新したりすることが主眼で
あって，C や Java といったプログラミング言語のように多様な計算をするために開
発された言語ではない．SQL:1999 で規格化された再帰問合せを使うと理論上は計
算完備ではあるが，SQL はデータベースアプリケーション開発のための機能を十分
に備えた言語ではない．ではクライアントがリレーショナルデータベースにアクセ
スしながらアプリケーションを書き下すにはどのような手段がありうるか，典型と
考えられる 2 つを挙げて簡単な説明を与えなさい．（各々，数十字程度）

第12章
SQLのOLAP対応

12.1　多次元データベースとOLAPキューブ

　多次元データベース（multi-dimensional database）はデータ分析のために1960年代の終わりごろ登場したという[14]．OLAP（オーラップ）の提唱者であるリレーショナルデータベースの始祖 Codd はこれを **OLAP キューブ**（OLAP cube）と名付けた[15]．ここに，OLAP は On-Line Analytical Processing の頭字語で，データウェアハウスやデータマートに格納されているデータに対して，更新ではなくそれらを高速に読み取りつつ，一般に多次元分析と呼ばれているデータ分析を行う概念をいう．組織体の意思決定のためのリレーショナルデータベース処理の形態は従来のトランザクション処理のための OLTP（オーエルティーピー）とは異なるという認識を持ったということである．ここに，OLTP とは On-Line Transaction Processing の頭字語で，たとえば，商取引の現場からオンラインで入ってくる取引データをデータベースの一貫性を保証しつつその場でデータベースの更新処理をする概念を表す．それ故に，OLTP と OLAP の違いは，基幹系システムのための OLTPと情報系システムのための OLAP という具合に対極的に位置づけられることも多い．そもそも，リレーショナルデータベースやリレーショナル DBMS，そして SQL は OLTP を念頭において開発されてきたので多数のトランザクションが同時にデータベースにアクセスしてデータの読みや書きを行うが，OLAP ではデータ分析が主目的なのでデータの更新は想定されていない点が大きな違いになる．また，次に述べるように，リレーショナルデータベース設計にまでその考え方の違いが及ぶ．

　翻（ひるがえ）って，リレーショナルデータベース設計において，なぜリレーションは正規化されねばならないとされたのかというと，リレーションは第1正規形でな

ければならないとしたのはリレーショナルデータモデルを分かり易くするため
の Codd の卓見ではあったが，リレーションは第 1 正規形であるだけでは一般
に更新時異状が発生するので第 2 正規形，第 3 正規形，BCNF，第 4 正規形，第
5 正規形へと高次に正規化しないといけないということであった（7.4 節）．し
かしながら，これは裏を返せば，データの更新が想定されていない OLAP であ
れば，何もリレーションを高次に正規化する必要はないということである．さ
らに OLAP の視点に立てば，正規化によって本来繋がりのあるデータ同士が見
えにくくなってしまうという弊害も大きい．以下で述べる多次元データベース
（＝OLAP キューブ）はそのような問題とは無縁でデータ分析に適したデータモ
デルということになる．

　なお，多次元データベースは，NoSQL を標榜するビッグデータのためのデー
タ分析基盤とはなりにくいものの，OLTP で発生するデータをデータソースと
するデータウェアハウスでこれまでに多くの構築事例があり有用性が確認され
ている．

12.2　ディメンジョナルモデリング

　OLAP キューブの構築法を順を追って示すが，そのために，まず，R. Kimbel
らにより提唱された**ディメンジョナルモデリング**（dimensional modeling）[16] に
ついて述べる必要がある．これはスタースキーマと属性の階層的定義からなる．

■　スタースキーマ

　スタースキーマ（star schema）はデータ分析の対象となっている実世界を 1
枚の**ファクト表**（fact table）と一般に複数枚の**ディメンジョン表**（dimension
table）を用いて記述することで定義される．ここに，ファクト表にはデータ分
析の対象となるデータを値としてとる属性とディメンジョン表の外部キーとな
る属性が定義される．実際にスタースキーマにデータが格納されると，表の性
質上，一般にファクト表のデータ量は大きく，ディメンジョン表のそれは小さ
い．スタースキーマの構築を例を用いて示す．

例 12.1 (スタースキーマの構築) 全国に店舗を持つ家電量販店が各店舗の月間売上高を商品ごとにデータベース化したいという状況を考えてスタースキーマを定義してみる. まず, 各月ごと, 各店舗ごと, 各商品ごとの売上高を格納するために, ファクト表 売上 (時間 id, 店舗 id, 商品 id, 売上高) が定義される (アンダーラインは属性が主キーの構成要素であることを表す). これにより, 売上高を記録するための, 時間軸, 店舗軸, 商品軸からなる 3 次元空間が定義されたことになる. そして, それらの軸を記述するために 3 つのディメンジョン表が定義される. それらは, たとえば, 時間 (時間 id, 売上日, 売上月, 四半期), 店舗 (店舗 id, 店舗名, 所在地, 地域名), 商品 (商品 id, 商品名, 商品小分類, 商品中分類) である. このとき, ファクト表 売上 の属性, 時間 id, 店舗 id, 商品 id はそれぞれディメンジョン表 時間, 店舗, 商品の主キー 時間 id, 店舗 id, 商品 id の外部キーとなっている.

　ここまでがスタースキーマ定義の基本的な考え方であるが, データウェアハウス (やデータマート) の現場でスタースキーマが定義される場合, 上記の時間 id, 店舗 id, 商品 id に加えて**サロゲートキー** (surrogate key, **代理キー**) を定義することが多い. ここにサロゲートキーとは, たとえば, 一意な整数 (unique integer) であってそれは決して変化することがない新たな属性である. サロゲートキーはデータレイクからデータが ETL でデータウェアハウスにロードされる際に生成され付与される (5.2 節). たとえば, 上記のスタースキーマのディメンジョン表である 商品 (商品 id, 商品名, 商品小分類, 商品中分類) をデータウェアハウスにロードするにあたっては, 商品のサロゲートキーを「商品 sk」とすれば, 商品表は 商品 (商品 sk, 商品 id, 商品名, 商品小分類, 商品中分類) という具合になる. 時間表や店舗表についても同様である. サロゲートキーの導入に呼応してファクト表である売上表は 売上 (時間 id, 店舗 id, 商品 id, 売上高) ではなく, ファクト表 売上 (時間 sk, 店舗 sk, 商品 sk, 売上高) となる. その結果, たとえばディメンジョン表である商品表にサロゲートキー 商品 sk と通常のキー 商品 id の 2 つのキーが混在して定義されることになるが, こうすることで商品表の主キーを商品 id ではなく, たとえば (商品名もキーになりうる場合) 商品名に変更したとしても, サロゲートキーの値は不変であるから, サロゲートキーを

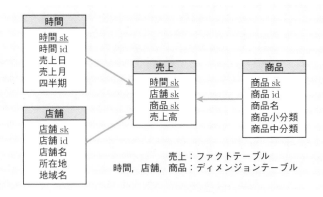

図 12.1　スタースキーマの例

介してファクト表とディメンジョン表の関係を示したスタースキーマ全体に変更を加えなくて済む．これがサロゲートキーを導入する理由である．図 12.1にサロゲートキーを導入した場合のスタースキーマを例示する．

■　属性の階層的定義

　ディメンジョナルモデリングのもう 1 つの特徴はディメンジョン表の属性を階層的に定義できることにある．これにより，（後述する）ドリルアップ／ダウンといった操作が可能となりデータ分析機能が向上することが期待できる．**階層的定義**とは，たとえば，商品をエアコンや扇風機は季節家電，冷蔵庫や電子レンジは調理家電，そして季節家電や調理家電は生活家電といった具合に定義していくことをいう．その結果，ある時間，ある店舗を固定して，そのときのエアコンの売上高だけでなく，季節家電の売上高，さらに生活家電の売上高をドリルアップ／ダウン操作で求めることができる．他のディメンジョン表では，時間については，売上日–売上月–四半期という階層関係や，店舗については店舗名–所在地–地域名という階層関係を定義できよう．その様子を図 12.2 に示す．

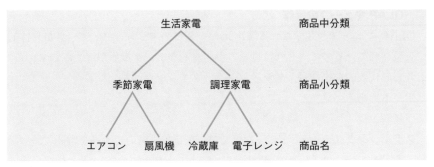

図 12.2　商品軸の階層関係

12.3　OLAP キューブ

スタースキーマが定義されると，**OLAP** キューブは機械的に求められる．上記の売上データを時間軸は月 $(t_1, t_2, \ldots, t_\ell)$ ごと，店舗は各店舗 $(s_1, s_2, \ldots, s_m)$ ごと，商品は各商品 $(g_1, g_2, \ldots, g_n)$ ごとで OLAP キューブとして表現すると，図 12.3 に示されるように 3 次元の立方体として表される．

なお，OLAP キューブの次元数であるが，図 12.3 では 3 次元であるが，たとえば 5W2H（Why・What・When・Who・Where・How・How much）を念頭にデータを収集すれば 7 次元の OLAP キューブの構成ができよう．実際には 4 から 12 次元の OLAP キューブが構築されることもあるという[16]．

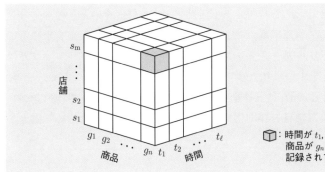

⬢：時間が t_1，店舗が s_m，商品が g_n の売上高が記録されている．

図 12.3　3 次元の OLAP キューブの例

■ OLAP キューブの操作

OLAP キューブとも称される多次元データベースであるが，データが立体的に表現されているので，それに見合った視覚的なデータ操作が導入されている．それらの代表的な操作が，スライシング，ダイシング，ドリルアップ／ダウン，ピボットである．

スライシング

スライシング（slicing）とは，たとえば，家電量販店の売上高を時間軸，店舗軸，商品軸で表す 3 次元データベース「売上」が構築されているとして，商品軸の値をある商品に固定し，時間と店舗を軸とする 2 次元平面を切り出す操作をいう．この操作により，その商品が月が変わると各店舗でどのような売れ方をしているのかを把握することができるので，本部のプロダクトマネジャはそこから何かヒントを掴むことができるかもしれない．

ダイシング

ダイシング（dicing）は一般に多次元の特定の値をピックアップして，部分立方体（sub-cube）を作り出す操作である．具体的には，時間は $t_i \sim t_j$ という区間，店舗は s_k と s_l，商品は g_m と g_n と g_o をピックアップして部分立方体を切り出すという操作である．

ドリルアップ／ダウン

ドリルアップ／ダウンは前節で説明した属性の階層的定義によって実現される操作である．そこではエアコンや扇風機は季節家電といった具合に商品を階層的に定義することで，ある時間，ある店舗を固定して，そのときのエアコンの売上高だけでなく，季節家電の売上高，さらに生活家電の売上高を求めることができ，それが**ドリルアップ**（drill up）である．つまり，ドリルアップとはデータの集計レベルを 1 つ繰り上げて集計項目を抽象化する操作である．一方，**ドリルダウン**（drill down）はドリルアップの逆の操作で，データの集計レベルを 1 つ繰り下げて集計項目を詳細化する操作である．問題を絞り込める働きがある．

ピボット

OLAP キューブを表示空間の旋回軸で回転させる操作が**ピボット**（pivot）で，それにより様々な側面を見ることができる．

以上，OLAP キューブの操作を概観したが，Codd が OLAP を提唱した時期と Inmon がデータウェアハウスを提唱した時期はほぼ同じであり，両者共に目指したところは同じだったと考えられる．つまり，データ分析基盤を構築するにあたって，データを OLAP キューブとして表現し，それに対して上記のような操作を次から次へと間髪を入れず（これが online の意味）適用して試行錯誤を繰り返すことにより，思いがけない発見をして組織体の意思決定に貢献できることが期待される．

12.4　SQL の OLAP 拡張

データウェアハウスにおける大規模なデータ分析には専用の多次元データベースが用いられるが，データ量がそれほど大きくなければ通常のリレーショナルデータベースのもとで SQL の GROUP BY 句とその OLAP 拡張機能を使用することで可能となるデータ分析業務も少なくない．ここでは，このような認識から，SQL:1999 で制定された追加機能である **OLAP 拡張**を見てみる．そこでは，GROUP BY 句拡張，ウィンドウ操作，ウィンドウ関数，組込み関数拡張，統計関数などが導入されている[17]．

本節では，**GROUP BY 拡張**に焦点を当ててその機能を見てみるが，ここで取り上げるのは，要約化のための ROLLUP オプションとクロス集計分析（cross-tabulation analysis）のための CUBE オプションである．そもそも，GROUP BY 句のみでそのような処理は書き下せるが，所望の OLAP 分析を行うためには何度も SQL 文を発行しなければならず効率が悪い点を，ROLLUP オプションや CUBE オプションを使用すれば解決できるという認識からなされた拡張である．

まずは，SQL の GROUP BY 句を使って簡単な分析を行ってみる例を示すことから始める．想定するのは図 12.4 に示したある家電量販店の売上データを表す売上表である．

売上

時間 id	店舗 id	商品 id	売上高
3	s1	g1	300
3	s1	g2	400
3	s2	g1	100
3	s2	g2	300
4	s1	g1	100
4	s1	g2	100
4	s2	g1	100
4	s2	g2	200

(8 行)

図 12.4　ある家電量販店の売上表

(1)　売上高計を求める SELECT 文と導出表を示せ.

```
SELECT SUM(売上高) AS 売上高計
FROM 売上
```

導出表は次のとおりである.

売上高計
1600

(2)　時間ごとの売上高計を求める SELECT 文と導出表を示せ.

```
SELECT 時間id, SUM(売上高) AS 売上高計
FROM 売上
GROUP BY 時間id;
```

導出表は次のとおりである.

時間 id	売上高計
3	1100
4	500

(3)　時間ごと，店舗ごとの売上高計を求める SELECT 文と導出表を示せ．

```
SELECT 時間 id, 店舗 id, SUM(売上高) AS 売上高計
FROM 売上
GROUP BY 時間 id, 店舗 id
```

導出表は次のとおりである．

時間 id	店舗 id	売上高計
3	s2	400
4	s2	300
4	s1	200
3	s1	700

(4)　時間ごと，店舗ごと，商品ごとの売上高を求める SELECT 文と導出表を示せ．

```
SELECT * FROM 売上
```

導出表は図 12.4 に同じである．

　さて，前節で OLAP キューブに対するドリルダウンという操作を紹介したが，上記の (1)→(2)→(3)→(4) の SQL 文の発行がそれに相当する．逆順で SQL 文を発行する操作がドリルアップである．当然のことながら，表の次元が高かったり，行数が多かったりすると，ドリルアップ／ダウンに係る処理に多大の時間がかかることが想定される．

　そこで，SQL:1999 ではドリルアップとドリルダウンの結果が 1 つの SQL 文で求められるように GROUP BY 句に ROLLUP オプションが追加された．これは次のように働く．

■ ROLLUP オプション

(5)　**ROLLUP**

　「GROUP BY 句に ROLLUP オプションを使って，時間ごと，店舗ごと，商品ごとに，売上高計を求める SELECT 文と導出表を示せ」

```
SELECT 時間 id, 店舗 id, 商品 id, SUM(売上高) AS 売上高計
FROM 売上
GROUP BY ROLLUP(時間 id, 店舗 id, 商品 id)
```

導出表は次のとおりである.

時間 id	店舗 id	商品 id	売上高計
null	null	null	1600
3	s2	g2	300
3	s1	g1	300
4	s2	g1	100
3	s1	g2	400
3	s2	g1	100
4	s1	g2	100
4	s2	g2	200
4	s1	g1	100
3	s2	null	400
4	s2	null	300
4	s1	null	200
3	s1	null	700
3	null	null	1100
4	null	null	500

（15 行）

　この導出表を見て売上に関するドリルアップ／ダウンの状況が一目で分かる
ことに注目したい.たとえば,第 1 行の 1600 はすべての時間,すべての店舗,す
べての商品の売上高計を表している.続く 8 行はドリルダウン最下位の元デー
タを表している.それに続く 4 行は,たとえば $(3, s2, null, 400)$,ここに null は
空を表す,は 時間 id $= 3$,店舗 id $= s2$ の全商品（つまり g1 と g2）の売上高
計が 400 であったことを表している.最後の 2 行はそれぞれ 時間 id $= 3$ およ
び 4 での全店舗と全商品の売上高計を表している.

(6)　GROUPING

　「GROUPING 句と GROUP BY 句に ROLLUP オプションを使って,時間
ごと,店舗ごと,商品ごとに,売上高計を求める SELECT 文と導出表を示せ」

```
SELECT 時間id, 店舗id, 商品id, SUM(売上高) AS 売上高計,
GROUPING(時間id) AS 時間集約,
GROUPING(店舗id) AS 店舗集約,
GROUPING(商品id) AS 商品集約
GROUP BY ROLLUP(時間id, 店舗id, 商品id)
```

導出表は次のとおりである.

時間 id	店舗 id	商品 id	売上高計	時間集約	店舗集約	商品集約
null	null	null	1600	1	1	1
3	s2	g2	300	0	0	0
3	s1	g1	300	0	0	0
4	s2	g1	100	0	0	0
3	s1	g2	400	0	0	0
3	s2	g1	100	0	0	0
4	s1	g2	100	0	0	0
4	s2	g2	200	0	0	0
4	s1	g1	100	0	0	0
3	s2	null	400	0	0	1
4	s2	null	300	0	0	1
4	s1	null	200	0	0	1
3	s1	null	700	0	0	1
3	null	null	1100	0	1	1
4	null	null	500	0	1	1

（15 行）

　この導出表が表していることは,(5) ROLLUP の導出表が表している内容と同一であるが,GROUPING 句を用いることにより,当該列の値が 1 のときそれらの軸で集約されていることを直観的に知ることができて,データ分析に係る労力を少なくし時間を短縮できよう.

■ CUBE オプション

(7) CUBE

　「GROUP BY 句に CUBE オプションを使って,時間ごと,店舗ごと,商品ごとに,売上高計を求める SELECT 文と導出表を示せ」

```
SELECT 時間id, 店舗id, 商品id, SUM(売上高) AS 売上高計
FROM 売上
GROUP BY CUBE(時間id, 店舗id, 商品id)
```

導出表は次のとおりである.

時間 id	店舗 id	商品 id	売上高計
null	null	null	1600
3	s2	g2	300
3	s1	g1	300
4	s2	g1	100
3	s1	g2	400
3	s2	g1	100
4	s1	g2	100
4	s2	g2	200
4	s1	g1	100
3	s2	null	400
4	s2	null	300
4	s1	null	200
3	s1	null	700
3	null	null	1100
4	null	null	500
null	s1	g2	500
null	s2	g2	500
null	s1	g1	400
null	s2	g1	200
null	s1	null	900
null	s2	null	700
4	null	g1	200
3	null	g2	700
4	null	g2	300
3	null	g1	400
null	null	g1	600
null	null	g2	1000

（27 行）

CUBE オプションによって時間，店舗，商品のすべての組合せでの集約結果を 1 枚の導出表で見ることができる．なお，導出表の行数が 27 なるのは，この例では $3^3 = 27$ となるからである．

　SQL:1999 では ROLLUP/CUBE より高度な OLAP 拡張として WINDOW 句も導入されデータ分析が行える.

　なお，OLAP 拡張に頼らなくとも，SQL の多様な問合せ機能を駆使して様々なデータ分析が行えることも事実で，文献[18]に事例が豊富である.

 12章の演習問題

☐**12.1**　OLTP と OLAP について次の問いに答えなさい.
　(1)　両者はそれぞれ何の頭字語なのか示しなさい.
　(2)　両者の違いを端的に述べてみなさい.（数十字程度）
　(3)　OLAP とはどのような概念なのか，端的に述べてみなさい.（100 字程度）

☐**12.2**　データウェアハウス（やデータマート）の現場でスタースキーマが定義される場合にサロゲートキー（代理キー）を定義することが多い.　なぜか，その理由を端的に述べてみなさい.（100 字程度）

☐**12.3**　OLAP キューブの操作につき，スライシング（slicing）とはどのような操作をいうのかを，たとえば，家電量販店の売上高を時間軸，店舗軸，商品軸で表す 3 次元データベース「売上」が構築されているとして，説明してみなさい.（100 字程度）

☐**12.4**　ある家電量販店の売上データが，リレーション 売上 (時間 id, 店舗 id, 商品 id, 売上高) に格納されているとする.　このとき，GROUP BY 句に ROLLUP オプションを使って，時間ごと，店舗ごと，商品ごとに，売上高計を求める SQL 文を示しなさい.

第13章
ビッグデータとNoSQL

13.1　ビッグデータとは

　データサイエンスが対象とするデータはビッグ（big）であることが第一義である．このように力説する理由には，従来の**統計学**はビッグデータをそのまま扱うことはできず，無作為標本（random sample）（以下，**標本**）と称してその中から扱える量のデータを抜き出し**スモールワールド**を形成し，そこで得られた知見を全データに敷衍しようとしてきた学問体系であることとの違いを明確にしておきたいためである．したがって，クレジットカードの不正利用の検知は，利用者パターンの変則性を見つけ出すことだから，すべてのデータをチェックしなければ分からず，不正利用のデータを異常値や**外れ値**（outlier）として排除してしまった標本を幾ら検証しても，それは検出できない．

　さて，**ビッグデータ**（big data）という言葉は社会現象を表しているようなところもあり，学問的に厳格な定義を与えようとしてもなかなかしづらい．しかしながら，21世紀の**e-コマース**（e-commerce，電子商取引）時代に求められるデータ管理について，次に示す3つのV（**3V**）で始まる用語がビッグデータを規定する性質として広く受け入れられている[19]．

- Volume
- Velocity
- Variety

3Vについて説明を加える．

Volume　データ量のことをいう．扱わないといけないデータ量が膨大であるが，どれぐらいのデータ量でもってビッグというかについては，テラバイト（terabytes，1兆バイト），ペタバイト（petabytes，1000兆バイト），エク

サバイト（exabytes，100京バイト）級のデータなどと唱える者もいるが，そのように定義されるべきものでもないであろう．絶対的な量もさることながら，ビッグデータでは通常なら異常値や外れ値として排除されてしまうようなデータもそうしないで網羅的にデータが収集されていることに意味があるからである．

Velocity データの速度をいう．e-コマースでは顧客とのやり取りのスピードが競争優位の決め手となってきていることから分かるように，それを支えるために使われたり，あるいはそのやり取りの中で発生するデータのペース（pace）は増大している．

Variety データの多様性をいう．ビッグデータを構成するデータの種類は実に様々ということである．たとえば，リレーショナルデータベースのような構造化データのみならず，半構造化データ，非構造化データ，あるいは時系列データなど実に様々である．

3Vの特性を有するビッグデータの管理・運用法は後述するが，スケーラビリティもさることながら，高可用性の達成とも絡んでいて，従来，リレーショナルデータベースシステムが培ってきたトランザクション管理のための大原則であるACID特性そのものを見直し，BASE特性が導入されることになるほどインパクトは大きい．

■ ビッグデータの本質

さて，3Vに加えて，もう1つビッグデータを特徴づける上で大事な事柄は，ビッグデータの本質とは何か？を問うことである．これに関して，V. Mayer-SchonbergerとK. Cukierがその著書[20]で「ビッグデータの本質は—因果関係から相関関係へ—にある」ことを説いている．これは，データ分析の大きなパラダイムシフトと考えてよく傾聴に値する．曰く，ビッグデータに厳密な定義はないが，まとめれば，「より小規模では成しえないことを大きな規模で実行し，新たな知の抽出や価値の創出によって，市場，組織，さらには市民と政府の関係を変えることなど」，それがビッグデータであると．つまり，ビッグデータの本質は，人々の意識に3つの大きな変化をもたらすものであり，その3つが相互に結びついて大きな力を発揮することによって，ビジネスや社会に想像を絶するパラダイムシフトを生じせしめると．ここで3つの変化とは次のとおりである．

(a)　ビッグデータでは，すべてのデータを扱う．

(b)　ビッグデータでは，データは乱雑であってよい．

(c)　ビッグデータにより，「因果関係から相関関係」へと価値観が変わる．

　まず，(a) について補足する．先述のとおり，従来の統計学ではデータの管理や分析ツールが貧弱で膨大なデータを正確に処理することが困難であったから，全データから適当数のデータを無作為でサンプリングして得られた標本を基に分析作業を行ってきた．しかし，無作為であることを担保する難しさや分析の拡張性や適応性に欠ける点に問題があった．一方で，ビッグデータでは，データを丸ごと使うので，埋もれていた物事が浮かび上がってくる．たとえば，クレジットカードの不正利用の検知の仕組みは利用者パターンの変則性を見つけ出すことだから，標本ではなく全データを処理しないと見えてこない．データ全体を利用することがビッグデータの条件となる．その意味で，ビッグデータは絶対数でビッグである必要はなく，標本ではなく，全データを使うところが要点である．

　次に，(b) について述べる．全データを使うと誤ったデータや破損したデータも混入してくる．言うまでもないが，従来の統計学に基づいたデータ処理では，このようなデータを処理以前にいかに取り除くかという**前処理**にまず力が注がれた．スモールデータではそのようなデータを除去して質の高い（？）データを確保することが前提であったからである．しかし，ビッグデータではその必要性は薄れる．なぜならば，精度ではなく確率を読み取るのがビッグデータであるからである．たとえば，ワイン醸造所（winery）のブドウ園の気温を計測する場合を考えると，温度センサーが 1 個しか設置されない場合にはセンサーの精度や動作状況を毎回確認しなければならないが，多数のブドウの木一本一本にそれぞれ温度センサーが取り付けられている場合は，幾つかのセンサーが不確かなデータを上げてきても，多数の計測値を総合すれば全体としての精度は上がると考えられる．このようなケースがすべてというわけではないが，データは乱雑（messy）であってよい．量が質を凌駕するのがビッグデータである．

　(c) で言っていることは極めて大事である．ビッグデータでは，（少量のデータではなく）データを丸ごと使い，データは正確さではなく粗くてもよいところにその本質があると (a) と (b) で述べた．そのような前提でデータ処理をすると，当然の帰結として事物に対する価値観に根底から変革が生じることにな

る．つまり，この膨大で乱雑なデータ全体から，どのような金塊を発掘することができるのか？　それが問われることになるが，その切り札が**データマイニング**（data mining）による**相関関係**（correlation）の発見である．ビッグデータが相手では，仮説を立てて検証し，**因果関係**（causality）を立証しようとするような従来的手法は現実的ではないからである．例として，中古車ディーラが中古車を競り落とすオークションに出品されている中古車のうち，問題がありそうなクルマを予測するアルゴリズムを競うコンテストがあったが，中古車ディーラから提供されたデータを**相関分析**（correlation analysis）した結果，「オレンジ色に塗装されたクルマは欠陥が大幅に少ない」ことが分かったという（欠陥は他のクルマの平均値の半分ほど）．これは中古車の品質についての極めて重大な発見であるが，ここで大事なポイントは「なぜ？」とその理由を問うてはいけないということである．このような事例は枚挙に暇がなく都市伝説化している例として，米国の大手スーパーマーケットチェーンの POS データを分析した結果，「紙おむつを買った顧客はビールを買う傾向がある」ことが分かったという．このとき，なぜ？とこれ以上詮索しないことが肝要なのである．因果関係を問うのではなく，相関関係を問うデータマイニングこそがビッグデータなのである．

13.2　NoSQL —ビッグデータの管理・運用—

NoSQL とは

　データベースに対するニーズは，ビジネスデータ処理から非ビジネスデータ処理への流れ，構造化データから半構造化・非構造化データのサポートへの流れと，止まるところを知らないが，それらのためのリレーショナル DBMS，オブジェクト指向 DBMS，XML DBMS，グラフ DBMS などには共通した 1 つの特徴がある．それはトランザクション管理において **ACID 特性**（8.1 節）を堅持しているということである．

　一方で，Amazon.com, Inc.（以下，Amazon），Google LLC（Google 合同会社，以下，Google），Facebook, Inc.（現 Meta Platforms, Inc.）といった，かつて Web 2.0 を象徴した企業にとって，膨大な商品データや顧客データ，クローラが収集してくる膨大なウェブページ，膨大なテキストやイメージデータなど，いわ

ゆるビッグデータをどのように管理・運用していくかが，社運を賭けた大きな問題となったことは周知のとおりである．そのような企業では，Oracle Database，Db2，PostgreSQL といった国際標準リレーショナルデータベース言語 SQL に忠実で，トランザクション管理においては ACID 特性をきちんと満たそうとするリレーショナル DBMS ではなく，各社各様，ビジネスモデルに応じて様々なデータストア（data store）を構築することとなった．たとえば，Google は Bigtable を，Amazon は Dynamo をといった具合である．現在，そのようなシステムは多数報告されているが，**NoSQL** とはそのようなシステムに対する総称である．

　なお，NoSQL という用語であるが，元々は 1998 年に造られたという．しかし，それが現在の意味で流布しだしたきっかけは，Google が GFS（Google file system）を基盤に開発した MapReduce や Bigtable，あるいは Amazon が開発した Dynamo などの出現を背景に，2009 年 6 月にサンフランシスコで開催された NOSQL meetup であったという．リレーショナルデータベース（＝ SQL）の信奉者が NoSQL と聞くとギョッとするが，No SQL，つまりリレーショナルデータベース禁止！というのではなく，Not only SQL，つまり（データベースは）リレーショナルデータベースばかりではないんだよ，と解釈するのが一般的であると知りホッとする．

■ NoSQL の多様性

　さて，NoSQL を標榜するデータストアは世界で多数リストアップされているが，それらがどのようにデータを管理・運用するのかについては，ビッグデータの多様性もその要因であろうが，各企業のビジネスモデルが深く絡み，システムごとに実にバラバラである．したがって，NoSQL で管理・運用するデータがどのような構造を持っているか，すなわちどのようなデータモデルに従っているのかを規定しようとしても，リレーショナルデータモデルのような国際的に認知された標準モデルは存在しえないから，できない．しかしながら，これまで開発されてきた NoSQL を，データモデルの観点から，大まかに次のように分類するのが一般的である．

　(a)　キー・バリューデータストア（key-value data store）

　(b)　列指向データストア（column-oriented data store）

　(c)　文書データストア（document data store）

(d)　グラフデータベース（graph database）

それぞれを簡単に説明すると次のようである．

(a)　キー・バリューデータストア

キー・バリューデータストアが実装するデータモデルをキー・バリューデータモデル（key-value data model）という．この典型は，Amazon が自社の大規模な e-コマース事業を高可用性とスケーラビリティのもとで運用可能とするために開発した **Dynamo**[21] と名付けられたキー・バリューストレージシステム（key-value storage system）である．

このモデルは，Amazon の提供する多くのサービスが，格納されているデータに対して**主キー**（primary key）によるアクセスしか必要としないという現実から生まれたという．このモデルはいたって単純で，その様子を図 13.1 に示す．主キーに対応する値はバイナリラージオブジェクト（binary large object, **BLOB**）である．老婆心ながら申し添えれば，このモデルにはリレーショナルデータモデルが定義した「表」や「行」や「列」といった概念はない．

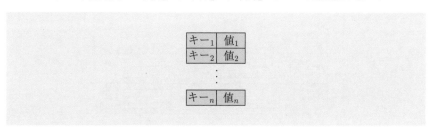

図 13.1　キー・バリューデータモデル

Dynamo の特徴はこのキー・バリューデータモデルの採用であったが，もう1つの大きな特徴は「BASE 特性に基づく結果整合性の実装」である．これについては，13.3 節および 13.4 節で詳しく述べる．

なお，Dynamo は Amazon の社内用として開発されたが，AWS（Amazon Web Services, Inc.）はクラウドサービスの一環として DynamoDB を提供している．これは Dynamo と同様にキー・バリューデータストアではあるが，可用性ではなくデータの整合性に重点を置いた設計となっており，両者は別物と考えるのがよい．

(b)　列指向データストア

列指向データストアが実装したデータモデルを列指向データモデル（column-oriented data model）という．Google の **Bigtable**[22] で採用されたデータモデルがその典型である．図13.2 にその様子を示す．

列指向と呼ばれているのは，行キーに付随する値の部分が，「列ファミリ–列キー–(時刻印, 値)」という具合に 3 次元の入れ子構造になっており，たとえば Google のクローラ Googlebot が収集してきたウェブページを格納して高速に検索する用途に適している．BigTable は Dynamo と違って，BASE ではなく従来通りの ACID 特性に忠実にトランザクション管理を行っている．これは，共に NoSQL であるが想定されている業務の違い，すなわち BigTable は整合性に，一方 Dynamo は可用性に重点を置いたシステム設計となっている違い，によるものである．

なお，(c) は主に JSON（JavaScript Object Notation）で記述された文書を対象とし，(d) はソーシャルネットワークのようなデータを対象としたデータモデルである．

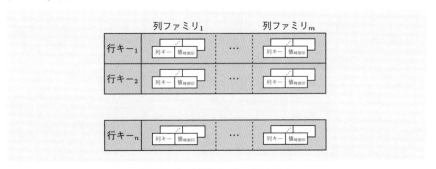

図13.2　列指向データモデル

■　NoSQL のシステム構成

NoSQL を実現するデータストアは，間断なく流れ込むビッグデータを管理・運用しなければならないので，スケーラビリティが問われる．従来のシステムであればスケールアップ（scale-up）でそれを達成してきたが，NoSQL ではそれをサーバの台数効果によるスケールアウト（scale-out）で実現する．そのために，データストアはコモディティサーバがクラスタを構成する分散型のシステム構成をとるのが常である．その様子を図13.3 に示す．そこでは，データ

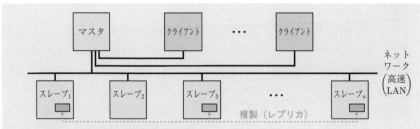

・マスタやスレーブはコモディティサーバ
・マスタはクライアントからの要求を受けてスレーブに処理を指示．スレーブは結果をマスタに返す．
・データはその複製（レプリカ）を複数台のスレーブに格納する．

図13.3　NoSQL のアーキテクチャ―疎結合クラスタ構成―

を1か所に格納しておくのではなく，**複製**（replica，レプリカ）を作り，それら
を複数台のスレーブに格納し，ネットワークが分断されてもどこかの複製にア
クセスできればそれでよいとの考えのもと，システムの高可用性を達成しよう
とする．Amazon の Dynamo は高可用性を実現するデータストアの典型例であ
る．しかしながら，高可用性よりもデータの整合性（data consistency），つま
り，どの複製にアクセスしても最新のデータが得られること，を保証してくれ
ることに重点を置いたデータストアを望む企業もある．Google の Bigtable は
整合性に重点を置いたデータストアの典型例である．このようにデータストア
の構築指針は2つに大別されるが，その違いでデータストアの構築方針は大き
く変わってくる．

13.3　CAP 定理と BASE 特性

CAP 定理

　分散型コンピューティングの強靭性（きょうじん）に関して，Inktomi 社の創設者であっ
た E. Brewer は次のような経験則を 2000 年に開催された国際会議で発表
した[23]．

　　「整合性，可用性，そしてネットワークの分断耐性の間には基本的に
　　トレードオフがある」

ここに，整合性，可用性，そしてネットワークの分断耐性は次を意味する．

- **整合性**（simple query）

書込み操作が終了したのちに読込み操作を発行すれば，その書込みの結果が返されないといけないということで，もしデータを複製管理している場合には，複製間で更新の同期がとられていて，どの複製を読もうとも，同じ値が返ってこないといけないことを意味する[1]．

- **可用性**（availability）

クライアントが依頼した読みや書きに対して，それが無視されることはなく，いずれ応答があるということをいう．ただし，返されたデータが最新のものであるかというと，そうでない場合も生じる．

- **ネットワークの分断耐性**（tolerance to network partitions）

サーバ間でやり取りするメッセージが幾らでも失われうること，つまり，ネットワークの分断が発生しないことはなく，それが発生しても耐えて生き残る（＝ネットワークの分断に寛容である）ことを意味する．

そして Brewer はこのトレードオフの意味するところを **CAP 定理**（CAP theorem）と名付けた．この定理は，発表当初はあくまで推測（conjecture）にしかすぎなかったが，2 年後にその証明が与えられた．本書ではその概略を示すが，証明に興味のある読者はそれが拙著[1]でも与えられているので参照されたい．

> **定義 13.1**（CAP 定理） 共有データシステムにおいては，整合性，可用性，分断耐性という 3 つの性質のうち，高々 2 つしか両立させることができない．

証明 （証明の概略） まず，整合性と可用性が共に満たされるためには，サーバ間を繋ぐネットワークが分断されてはそれが成しえないから，ネットワークの分断に寛容ではありえず，分断耐性は放棄せざるをえない．整合性と分断耐性が共に満たされるためには，ネットワークが分断された場合には整合性を保証するためにネットワークの分断が解消されるまでデータにアクセスできないから，可用性を放棄せざるをえない．可用性と分断耐性が共に満たされるためには，ネットワークが分断されても取りあえずアクセス可能なデータを返すので，整合性は放棄せざるをえない．

---

[1] ここでの consistency は複製されたデータ間でのデータの同一性を意味しているので一貫性とはしないで整合性と訳している．本書ではデータベースの一貫性，データの整合性と consistency の訳を文脈により変えている．

図 13.4　CAP 定理

図 13.4 に CAP 定理を図示する.

■ 整合性 vs. 可用性

　共有データシステムは多数のサーバがネットワーク結合されて, データの複製が幾つものサーバに分散配置されていることを大前提として開発されている. そのときに問題となるのが, ネットワーク分断が生じた場合のシステムの振る舞い方である.

　従来の分散型データベースシステムの場合はネットワーク分断が発生した場合, サービスを全面的に停止してひたすらネットワークが復旧するのを待った. その結果, 従来の分散型データベースシステムは ACID 特性を堅持することができた. つまり, データの整合性を保証することはできたものの, システムの可用性が犠牲となった.

　しかしながら, 上記とは反対に, データの整合性に問題が残ってもよいから, システムの可用性を犠牲にしない分散データシステムの構築法はないのか? その問いに答える理論的根拠を示したのが CAP 定理である. つまり, 共有データシステムを構築するにあたり, これまで通り ACID 特性の C (= consistency), つまりデータベースの一貫性を堅持するアプローチもあるが (その結果, データの整合性も堅持される), 一方でそれを犠牲にすれば, 可用性を保証するシステム構築がありうる. それを言明したのが CAP 定理である. つまり, ネットワーク分断を先験的 (apriori) としたとき, 共有データシステムの構築には次

に示す 2 つの選択肢がある.

　　CP：　　整合性と分断耐性を実現する選択肢

　　AP：　　可用性と分断耐性を実現する選択肢

　繰り返しになるが，CAP 定理により，もし CP の選択肢を採った場合，可用性（A）が犠牲になる．すなわち，ネットワークが分断されて複製されたデータが分散したサーバにバラバラに保存されれば，ネットワークが復旧するまではデータの整合性が保証できないから，そのデータを読み書きすることはできない．加えて，ネットワークが分断されていない場合でも，データの整合性を実現するために，複製されたデータに更新があった場合にはその更新結果はすべての複製間で直ちに共有されねばならないから，そのための更新同期に時間がかかり，可用性は大きく損なわれよう．しかしながら，整合性は保証できる．実際，この CP の選択をしたのが Google の共有データシステム Bigtable である（Bigtable は Paxos アルゴリズムを実装し整合性を実現している）．

　一方，AP の選択肢を採った場合，整合性（C）が犠牲になる．すなわち，ネットワーク分断が発生すると，クライアントには，ともかくアクセスできるサーバにアクセスして，データを読み書きして何らかの結果を返そうとシステムは振る舞う．しかしながら，読み出した結果が最新のデータであるかどうかの保証はない．つまり，ネットワーク分断の発生により，複製されたデータ間には更新されて新値となるデータと旧値のままのデータが混在することになるから，読みや書きでのデータの整合性の維持は困難となり犠牲となる．しかしながら，クライアントはネットワークが分断した状況下でも何らかの結果を得ることができる．実際，この AP の選択をしたのが Amazon の共有データシステム Dynamo である．

　続けて，AP という選択をした分散データシステムの振舞いについて，もう少し詳しく述べる．

■　BASE 特性

　さて，AP を選択した共有データシステムでは，データの整合性（ACID 特性の C）を捨てたから ACID 特性を満たせなくなっている．では，この選択肢を採った共有データシステムではどのような指針のもとでシステム開発が行われ，システムはどのように振る舞うのであろうか？　そして，ユーザはどのよう

な結果を受け取ることになるのであろうか？ それに答える基本が**BASE特性**
（BASE properties）である．ここに，BASE は次の語群の頭字語である．

- **B**asically **A**vailable（基本的に可用）
- **S**oft-state（ソフト状態）
- **E**ventual consistency（結果整合性）

　簡単な説明を加えると，**基本的に可用**とは，共有データシステムは CAP 定理
の意味で可用であるということである．**ソフト状態**とはシステムの状態は結果
整合性により，入力が無くても時間の経過と共に変遷していくかもしれないと
いうことである．**結果整合性**とは，現時点では複製間で整合性のないデータで
も，その間に何も更新要求が無ければ，何時かは整合するであろうということ
である．実際に選択肢 AP を採って開発された Amazon の Dynamo では BASE
特性が実現されている．

　なお，BASE という用語であるが，ACID vs. BASE という対比を際立たせ
るために特に考えられたようで，ACID は英語では「酸」を表す化学用語であ
り，一方，BASE は英語では「塩基」（＝アルカリ）を表す化学用語で，酸と反
応して塩（salt）を作る化合物のことである．酸と塩基は最も基本的な物質分類
の１つであり，酸と塩基で世界を二分するという意味を込めているようだ．

13.4　結果整合性

　BASE 特性を実現する基となる**結果整合性**[2)]（eventual consistency）は高可
用性を実現しようとする共有データシステムの本質的な概念であるので，どう
いうことかもう少し詳しく見てみる．そのためには BASE 特性が共有データシ
ステムで，データの複製との関連において，どのようにして実現されるのか，そ
れを理解しておくことが鍵となる．開示されている報告例は少ないが，結果整
合性を実装した Amazon の Dynamo の開発責任者の W. Vogels の論文[24]があ
るので，そのエッセンスを見てみる．

　さて，整合性には２つの観点がある．１つはクライアント側から見た場合の
整合性である．これは，クライアントにとってデータ更新がどう見えるかであ

[2)]複製されたデータ間でのデータの同一性を意味する概念なので，eventual consistency を結果一貫
　性とはしないで結果整合性と訳している．

る．もう 1 つはサーバ側から見た場合で，どのように更新処理がなされるのか，更新する際にシステムとして何を保証することができるかである．

まず，クライアント側から見れば，整合性は大別すると次の 3 つになる．

(a)　強い整合性（strong consistency）

(b)　弱い整合性（weak consistency）

(c)　結果整合性（eventual consistency）

強い整合性は，データの更新が完了すると，その後どの複製にアクセスしても更新された結果を返してくることをいう．そうでない場合を**弱い整合性**という．この場合，何らかの条件が整うと，どの複製を読んでも更新された結果を返してくることになるが，それまでの期間を**不整合窓**（inconsistent window）という．結果整合性は弱い整合性の特殊な場合で，データの更新が行われたあと，そのデータに新たな更新がかからない限りにおいて，何時かは複製間の整合性がとれるという性質である．

次に，サーバ側から見た場合，整合性について次のことがいえる．N，W，R を次のように定める．

N：　複製を格納しているノードの数

W：　書き集合（write set）の濃度（cardinality）

R：　読み集合（read set）の濃度

このとき，マスタはクライアントからデータの更新要求を受け付けると，そのデータの複製を格納している N 個のスレーブにその更新要求を発送し，更新が完了したかどうか返事を待つ．もし，少なくとも W 個のスレーブから更新完了の返事が来たら，その時点でマスタはクライアントに更新完了の返事を送る．一方，クライアントからマスタにデータ検索要求が来たら，マスタはそのデータの複製を格納している N 個のスレーブにその検索要求を発送して結果を待つ．もし少なくとも R 個のスレーブから結果が返ってくれば，その中から最新の結果（たとえば，時刻印やバージョンが最新）を選択して，それをクライアントに返す．つまり W や R はマスタがアクションをとれるための**定足数**（quorum）を定めているといえる．

そうすると，クライアント側とサーバ側から見た整合性の間に，次の関係があることが分かる．

(1) $W + R > N$ の場合

　この場合は，書き集合と読み集合の共通集合（intersection）は非空，つまり 2 つの集合は重なり合った部分があるということだから，強い整合性を保証できる．

(2) $W + R \leqq N$ の場合

　この場合，読み集合と書き集合が重複しない可能性があるので強い整合性は保証できず，弱い整合性か結果整合性となる．

　N, W, R をどのように設定するかはどのような性質を有する共有データシステムを構築したいかによるが，結果整合性を念頭に，$N = 3$，$W = 1$，$R = 1$ と設定したシステムでは，可用性と一貫性が共に満たされているとの報告が見受けられる．つまり，$W = 1$，$R = 1$ なので高可用性の実現はそのとおりだが，一貫性も評価される理由としては，$N = 3$ と複製数が少ないことや，新鮮でないデータでもそんなに腐臭が漂っているわけではないとの見解による．また，不整合窓の長さについては，実測で数 ms（millisecond）という報告もあれば，数 1,000 ms という報告も見受けられる．これらの値が許容範囲にあるのかそうでないのかはクライアント次第で定かではないが，不整合窓が長くてシステムが稼働しないといった報告は見つからない．

　Amazon はキー・バリューデータモデルの考案と共に，結果整合性を実装した Dynamo を開発したことで，Amazon の顧客はいつでも待たされることなく（always-on，常時オン），ショッピングカートに入れた商品の注文を確定することができている．

■　補遺 ―NoSQL のリレーショナル回帰―

　これは CAP 定理や結果整合性の話ではないが，ビッグデータの管理・運用に関して，Google がビッグデータの格納のために分散型のファイルシステム **GFS**（Google File System）を開発し，それを基盤に前述の Bigtable や **MapReduce** と称される関数型プログラミング環境を実現したこと（MapReduce はその後オープンソース化され，**Hadoop** となった），そして SQL 風の問合せインタフェースを提供する **BigQuery**（その社内開発コード名は Dremel[25]）を開発したことに触れておきたい．BigQuery の開発は，NoSQL は「データベースは SQL ばかりではないんだよ」といいつつも，結局は SQL 風の問合せ言語をサポートする BigQuery やその後の Impala[26] の開発を必要としたということで，

「NoSQL のリレーショナル回帰」と映る．データベースは弛^{たゆ}まなく発展しているが，その太い幹^{みき}はリレーショナルデータベース（＝ SQL）にあるということであろう．この議論に興味のある読者には拙著[4]を薦める．

13章の演習問題

□13.1　ビッグデータを学問的に厳格に定義しようとしてもなかなかしづらいが，3つの V で始まる用語がビッグデータを規定する性質として広く受け入れられている．それらは何か，簡単な説明と共に示しなさい．（各々，十数字程度）

□13.2　共有データシステムを構成するにあたり，その基本となるのが CAP 定理である．
(1)　CAP は何の頭字語なのか，示しなさい．
(2)　CAP 定理の意味しているところを要領よく説明してみなさい．（100 字程度）

□13.3　BASE 特性と結果整合性について次の問いに答えなさい．
(1)　BASE は何の頭字語なのか示しなさい．
(2)　共有データシステムを構築するにあたり，N：複製を格納しているノードの数，W：書き集合の濃度，R：読み集合の濃度としたとき，N, W, R にどのような関係があるときに弱い整合性か結果整合性となるのか示しなさい．

第14章
SQLのビッグデータ対応

14.1 SQLのビッグデータ対応とは

　データサイエンスが興隆し，データ分析やデータ分析基盤の構築が組織体の意思決定に欠かせないと認識されている昨今，いわゆる機械学習とは一線を画し，本来のリレーショナルデータベース（＝SQL）の枠組みの中にデータ分析の機能を組み込むことで，それまでは機械学習やデータマイニングの領分とされてきたような事柄をSQLでも可能とするために**SQLのビッグデータ対応**がSQL:2016（ISO/IEC 9075：2016）でなされた．リレーショナルデータベースのアプリケーション開発の現場やSQLに精通したデータサイエンティストにとってはデータ分析のための新たな武器が1つ加わることになったといえる．

　さて，SQLのビッグデータ対応では**行パターン認識**（row pattern recognition, **RPR**）機能が規格化されている．この機能は表の行を整列しておいて，このデータストリームからパターンマッチングで所望の出力を得るための機能である．行パターン認識は，Oracleが提案して標準化されたといわれているが，この機能はさらに「行パターン認識：FROM句」と「行パターン認識：WINDOW句」の2つの機能に分かれる．前者はOracle Databaseで実装されているようである[27]．後者については，最近，それを（OSSのリレーショナルDBMSである）PostgreSQLに実装中との報告がある[28]．本章では，行パターン認識：FROM句を例を交えて説明する．

14.2　行パターン認識：FROM 句とは

行パターン認識：**FROM** 句は，識別したいパターンを記述するために**MATCH_RECOGNIZE**句を問合せ（query）の FROM 句で指定する機能である．問合せの入力は表または表式で，出力は仮想表（virtual table．物理的には存在しないが，必要な場合にのみマテリアライズされる表）である．まず，この機能を使用した問合せ構文を示すことから始める．ここに，[ ]（大括弧）は省略可を表す．

行パターン認識：FROM 句を用いた問合せ構文

```
SELECT <select list>
FROM <source table>
MATCH_RECOGNIZE
(
 [ PARTITION BY <partition list> ]
 [ ORDER BY <order by list> ]
 [ MEASURES <measure list> ]
 [ <row pattern rows per match> ::= ONE ROW PER MATCH | ALL ROWS PER MATCH ]
 [ AFTER MATCH <skip to option>]
 PATTERN ( <row pattern> )
 [ SUBSET <subset list> ]
 DEFINE <definition list>
) AS <table alias>;
```

MATCH_RECOGNIZE 句，PARTITION BY 句，ORDER BY 句，MEASURES 句，<row pattern rows per match> オプション，AFTER MATCH 句，PATTERN 句，SUBSET 句，DEFINE 句の説明は，以下，例を交えて与える．

14.3　行パターン認識：FROM 句 の例

ISO/IEC の技術報告書（ISO/IEC TR 19075-5)[29] と文献[30]を参考にして「行パターン認識：FROM 句」を説明する．具体的には，下に示す Ticker 表を生成し，サンプルデータを入力し，それに問合せを発行することとする．ここに，Ticker は，symbol, tradedate, price を列とする表で，ticker は（株式）相場表示機，symbol は銘柄，tradedate は取引年月日，price は株価を表している．

まず，40 個のサンプルデータからなる Ticker 表を 図 14.1 に示す．

Ticker

symbol	tradedate	price
STOCK1	2019–02–12	150.00
STOCK1	2019–02–13	151.00
STOCK1	2019–02–14	148.00
STOCK1	2019–02–15	146.00
STOCK1	2019–02–18	142.00
STOCK1	2019–02–19	144.00
STOCK1	2019–02–20	152.00
STOCK1	2019–02–21	152.00
STOCK1	2019–02–22	153.00
STOCK1	2019–02–25	154.00
STOCK1	2019–02–26	154.00
STOCK1	2019–02–27	154.00
STOCK1	2019–02–28	153.00
STOCK1	2019–03–01	145.00
STOCK1	2019–03–04	140.00
STOCK1	2019–03–05	142.00
STOCK1	2019–03–06	143.00
STOCK1	2019–03–07	142.00
STOCK1	2019–03–08	140.00

symbol	tradedate	price
STOCK1	2019–03–11	138.00
STOCK2	2019–02–12	330.00
STOCK2	2019–02–13	329.00
STOCK2	2019–02–14	329.00
STOCK2	2019–02–15	326.00
STOCK2	2019–02–18	325.00
STOCK2	2019–02–19	326.00
STOCK2	2019–02–20	328.00
STOCK2	2019–02–21	326.00
STOCK2	2019–02–22	320.00
STOCK2	2019–02–25	317.00
STOCK2	2019–02–26	319.00
STOCK2	2019–02–27	325.00
STOCK2	2019–02–28	322.00
STOCK2	2019–03–01	324.00
STOCK2	2019–03–04	321.00
STOCK2	2019–03–05	319.00
STOCK2	2019–03–06	322.00
STOCK2	2019–03–07	326.00
STOCK2	2019–03–08	326.00
STOCK2	2019–03–11	324.00

（40 行）

図 14.1　Ticker 表．なお，色掛けした 5 か所は例 14.1 に示した問合せの出力結果（＝ 5 つのパターン）に対応している．

　続いて，行パターン認識：FROM 句がどのように機能するのか，Ticker 表を使ってその典型例を見てみる．

■　株価が V 字型を表すパターンの識別

　行パターン認識：FROM 句を用いたパターンの識別（＝ 一致）は MATCH_RECOGNIZE 句で記述する．<row pattern rows per match>オプションとして ONE ROW PER MATCH を使用して，株価が V 字型を表すパターン（厳密に株価が下がる期間とそれに続く厳密に株価が上がる期間）を識別する問合せを書き下してみると次のようになる．

例 14.1（株価が V 字型を表すパターンを識別する問合せ）

```
SELECT
  MR.symbol, MR.matchnum, MR.startdate, MR.startprice, MR.bottomdate,
  MR.bottomprice, MR.enddate, MR.endprice, MR.maxprice
FROM Ticker
  MATCH_RECOGNIZE
  (
  PARTITION BY symbol
  ORDER BY tradedate
  MEASURES
   MATCH_NUMBER() AS matchnum,
   A.tradedate AS startdate,
   A.price AS startprice,
   LAST(B.tradedate) AS bottomdate,
   LAST(B.price) AS bottomprice,
   LAST(C.tradedate) AS enddate, -- same as LAST(tradedate)
   LAST(C.price) AS endprice,
   MAX(U.price) AS maxprice -- same as MAX(price)
  ONE ROW PER MATCH -- default
  AFTER MATCH SKIP PAST LAST ROW -- default
  PATTERN (A B+ C+)
  SUBSET U = (A, B, C)
  DEFINE
   -- A defaults to True, matches any row, same as explicitly defining A AS 1 = 1
   B AS B.price < PREV(B.price),
   C AS C.price > PREV(C.price)
  ) AS MR;
```

例 14.1 の補足説明を行う.

- PARTITION BY 句は，各銘柄記号を個別に処理することを定義している.
- ORDER BY 句は，取引日に基づく順番を定義している.
- MEASURES 句は，パターンに関連する尺度を定義している.
- MATCH_NUMBER( ) 関数は，パーティション内の一致に 1 から始まる連続した整数を割り当てる．集計計算のみならず FIRST, LAST, PREV, NEXT などの操作を使用できる.
- PATTERN 句は，行パターン変数とパターン限定子を用いて次節で示される規則に従って定義される正規表現を使用してパターンを記述している．例 14.1 のパターンの正規表現は $(A\ B+\ C+)$ であるが，これは，下に続く DEFINE 句での行パターン変数の定義と相互に関連して，株価が下落している 1 つ以上の行が続き，そのあとに株価が上昇している 1 つ以上の行が続く，任意の行，を示している.
- SUBSET 句を使用することで，変数の名前付きサブセットリストを定義で

きる.

- DEFINE 句は，パターン内の行の様々なサブシーケンスを表す行パターン変数を定義している．例 14.1 では，行パターン変数 A は開始点として任意の行を表し，B は値下がりのサブシーケンス（B.price $<$ PREV(B.price)）を表し，C は値上がりのサブシーケンス（C AS C.price $>$ PREV(C.price)）を表している.

この例では，<row pattern rows per match>オプションとして ONE ROW PER MATCH を使用しているが，これは，グループ化の結果と同様に，結果表にパターンマッチごとに 1 つの集約行があることを意味している．これとは別に，パターンマッチごとに詳細行，つまり，マッチしたすべての行を返す ALL ROWS PER MATCH がある.

また，この例では，AFTER MATCH <skip to option>として AFTER MATCH SKIP PAST LAST ROW を使用しているが，これは，一致が見つかったら，現在の一致の最後の行の次の行からパターンマッチを再開することを意味している．<skip to option>には，現在の一致の最初の行の次の行からパターンマッチングを再開する SKIP TO NEXT ROW などの選択肢がある.

以上，例 14.1 に示した問合せの出力は 図 14.2 に示したとおりとなる．株価が V 字型を表すパターンが 5 つ見つかっている．1 つ目は，銘柄 STOCK1 で，2019-02-13 に株価が 151.00 であったが，2019-02-18 に株価が 142.00 と下落し，それを底値にして 2019-02-20 に株価が 152.00 に上昇した．この 1 つ目のパター

Ticker

symbol	match–num	start–date	start–price	bottom–date	bottom–price	end–date	end–price	max–price
STOCK1	1	2019–02–13	151.00	2019–02–18	142.00	2019–02–20	152.00	152.00
STOCK1	2	2019–02–27	154.00	2019–03–04	140.00	2019–03–06	143.00	154.00
STOCK2	1	2019–02–14	329.00	2019–02–18	325.00	2019–02–20	328.00	329.00
STOCK2	2	2019–02–21	326.00	2019–02–25	317.00	2019–02–27	325.00	326.00
STOCK2	3	2019–03–01	324.00	2019–03–05	319.00	2019–03–07	326.00	326.00

(5行)

図 14.2 例 14.1 に示した問合せの出力

ンの株価の最高値は 152.00 である．他の 4 つも同様である．ONE ROW PER MATCH が使用されているので，5 つのパターンに対応して 5 本のタップルが出力されている．また，AFTER MATCH SKIP PAST LAST ROW が使用されているので，symbol = STOCK2 $\wedge$ matchnum = 2 のタップル（= 4 つ目のパターン）の startdate は値下がりの始まった 2019-02-20（= 3 つ目のパターンの enddate）ではなく，翌日の 2019-02-21 となっている．

14.4　正規表現とパターン限定子

行パターン認識の肝はパターンを記述する**正規表現**（regular expression, **regexp**）にあるので，正規表現とそのためのパターン限定子について少し詳しく説明する．

まず，正規表現の定義構文を図 14.3 に示す．ここに，｜ は，たとえば $A \mid B$ のように代替（alternative）を示し，（ と ）は，たとえば $(A \mid B)$ というようにグループ化を示す．

続いて，指定できる正規表現のための**パターン限定子**（pattern quantifier）を表 14.1 に示す．ここに，n や m は自然数を表し，A は**行パターン変数**（row pattern variable）を表す．

たとえば，A, B, C を行パターン変数とするとき，$A*$ という正規表現は BC

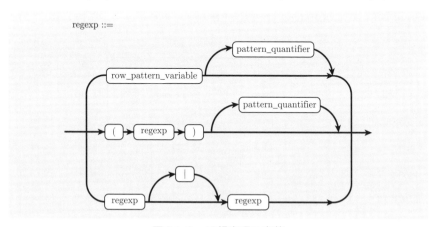

図 14.3　正規表現の定義

表 14.1　正則表現のためのパターン限定子

限定子	機能
*	ゼロ（0）以上の一致
+	1つ以上の一致
?	一致しない，または1つ一致，オプション
{ n }	正確に n 個一致
{ $n,$ }	n 個以上の一致
{ n, m }	n と m の間（両端を含む）の一致
{ $, m$ }	ゼロ（0）と m（両端を含む）の一致
{ - 変数 - }	例：{ - A - }. 一致する行が出力から除外されることを示す（ALL ROWS PER MATCH が指定されている場合にのみ役立つ）
^	例：^$A\{1, 3\}$. 行パターンパーティションの開始
\$	例：$A\{1,3\}$ \$. 行パターンパーティションの終わり

や ABC や $AABC$ などの行パターンを表し，$A+$ は ABC や $AABC$ などの行パターンを表し，$A?$ は BC や ABC などの行パターンを表す．

$A\{3\}$ は AAA という行パターンを表し，$A\{3,\}$ は $AAABC$ や $AAAABC$ という行パターンを表し，$A\{1,3\}$ は ABC や $AABC$ や $AAABC$ という行パターンを表し，$A\{,3\}$ は BC や ABC や $AABC$ や $AAABC$ という行パターンを表す．なお，たとえば A のように，パターン限定子が付いていない行パターン変数には，正確に1つの一致を必要とするパターン限定子があると見なされる（つまり $A\{1\}$）．^$A\{1,3\}$ は A や AA や AAA が先頭にくる行パターンパーティション（= 行パターンの分割）を表す．$A\{1,3\}$ \$ は A や AA や AAA が末尾にくる行パターンパーティションを表す．

ここで，正規表現と行パターンの簡単な例を幾つか挙げておく．

例 14.2（正規表現と行パターン）

- $(A+ B+)$：A が1回以上，そのあとに B が1回以上，が続く行パターンを表す正規表現
- $(A+ (C+ B+)*)$：A が1回以上，そのあとに C が1回以上とそのあとに B が1回以上，が0回以上発生する行パターンを表す正規表現
- $(A+ \mid B+)$：A が1回以上，または B が1回以上，いずれかが先に起

こる行パターンを表す正規表現

- $(A+ (C+ \mid B+))$：A が 1 回以上，そのあとに C が 1 回以上，または B が 1 回以上，のいずれか先に起こる行パターンを表す正規表現
- $((A\ B) \mid (B\ A))$：A のあとに B，または B のあとに A，のいずれか が先に起こる行パターンを表す正規表現

例 14.1 では，V 字型（下，上）を識別する問合せを書き表したが，W 字型（下，上，下，上）を表すパターンを識別する問合せは次のように書けるであろう．

例 14.3（株価が W 字型を表すパターンを識別する問合せ）

```
ONE ROW PER MATCH -- default
AFTER MATCH SKIP PAST LAST ROW -- default
PATTERN (A B+ C+ D+ E+)
SUBSET U = (A, B, C, D, E)
DEFINE
 -- A defaults to True, matches any row, same as explicitly defining A AS 1 = 1
 B AS B.price < PREV(B.price),
 C AS C.price > PREV(C.price)
 D AS D.price < PREV(D.price),
 E AS E.price > PREV(E.price)
```

様々な状況において，行パターンを適切に定義することによって，たとえば，大量の株取引，疑わしい資金移動や異常な金融取引，アクセスログなどを対象にした異常検出など，「行パターン認識：FROM 句」や「行パターン認識：WINDOW 句」が活躍しそうなユースケースは多々ありそうである．

14章の演習問題

☐**14.1**　SQL の行パターン認識において次に示す正規表現の意味するところを述べなさい.

(1)　$(A+ B+)$

(2)　$(A+ (C+ B+)*)$

☐**14.2**　SQL の行パターン認識において次に示す行パターンを表す正規表現を示しなさい.

(1)　A が 1 回以上, そのあとに B が 1 回以上, が続く行パターン

(2)　A が 1 回以上, そのあとに C が 1 回以上とそのあとに B が 1 回以上, が 0 回以上発生する行パターン

演習問題の解答例

第1章

■ **1.1** 「データ，意味，情報，価値付情報の関係性」を示した **図1.1** が描け，それに対して的確な説明がなされていればよい．

■ **1.2** 1.2節『データ資源とデータベース管理』で挙げた (a)〜(k) 項から5つを適当に選択してそこで述べた説明がなされていればよい．

■ **1.3** 資源としてのデータを管理するのがデータベース管理であり，資産としてのデータを管理する概念がデータマネジメントである．

■ **1.4** **図1.2** がきちんと描けて，的確な説明がなされていればよい．

第2章

■ **2.1** 2.1節に記述されている10個の知識領域から適当に5つが選択され，適切な説明がなされていればよい．

■ **2.2** DMBOK2でリストアップされた11個の知識領域はデータガバナンス，データマネジメントに固有色の強いデータアーキテクチャとデータ品質，そしてデータベース管理に固有と考えられるそれら以外の8個の知識領域からなるキーボードをなすと考えられる．そこで，＜データマネジメント＞，＜データベース管理＞，＜データガバナンス＞はそれぞれデータマネジメント，データベース管理，データガバナンスという「概念」を表すとすると，認知言語学で知られている概念融合のもとで，＜データマネジメント＞＝＜データベース管理＞ $\otimes$ ＜データガバナンス＞という関係性が成立する．ここに，$\otimes$ は概念融合を表す記号である．

第3章

■ **3.1**

● ポリシーと手順を策定すること

● 組織体内の複数のレベル（ローカル，部門，および部門横断）でデータスチュワードシップ活動を育成すること

● 改善されたデータガバナンスの利点と必要な行動を組織体に積極的に伝える組織変更管理の取り組みに関与すること

■ **3.2** データスチュワードシップとは資産としてのデータに関する監督と報告の責務をいう．この責務を遂行する者がデータスチュワードである．

第4章

■ **4.1**　分析のためのモデル構築ができて，分析した結果を組織体の意思決定にどのように活用するべきかを提案できる技能

■ **4.2**

1. 営利目的，非営利目的を問わず二次利用可能なルールが適用されたもの
2. 機械判読に適したもの
3. 無償で利用できるもの

■ **4.3**　生データをそのまま保管するのは，何か問題があったときに，原点に立ち返ることができるからである．何らかの加工をしてしまうと，もしデータ分析結果に疑念が生じたとき，一体どこに問題があったのか，使用したデータに問題はなかったのか，それを突き止めることが困難となるからである．

■ **4.4**　イレブンナインのデータ耐久性とは，0.000000001％のデータの平均年間予測消失率，たとえば1,000万件のデータを1万年保存して1件失われるかどうかという耐久性をいう（もちろん，1億件のデータを1千年保存して1件失われるかどうかという耐久性をいう，などと解答してもよい）．

第5章

■ **5.1**　ユーザが実際にデータ分析を行おうとしたときには，データは必ずしもオペレーショナルデータベースに格納されている必要はなく，主題に合った形で組織化されていればよく，それを主題指向といい，そのためのデータの格納庫がデータウェアハウスである．

■ **5.2**　(1) ETL とは extract（抽出），transform（変換），load（読込）の頭字語である．(2) たとえば，住所・氏名・電話番号などを "∗" などに変換する．

■ **5.3**　BI is business intelligence の頭字語である．また，BI は組織体がビジネス上の意思決定を行うために役立つであろうデータ分析結果を提供するための基本情報である．

第6章

■ **6.1**　コンテンツとしてのデータベース，データベース管理システム（DBMS），コンテンツとしてのデータベースとそれを管理する DBMS の総称，の3つ．

■ **6.2**　(ア) 概念モデルあるいは conceptual model，(イ) 実体–関連モデルあるいは entity-relationship model あるいは ER モデル，(ウ) 実体–関連図あるいは entity-relationship diagram あるいは ER 図，(エ) 論理モデルあるいは logical model，(オ) データベーススキーマあるいはリレーショナルデータベーススキーマあるいは

database schema あるいは relational database schema

■ **6.3** (1) *学生*(学籍番号, 氏名, 住所), あるいは図 6.4 の右半分の図の学生リレーションスキーマが表示されればよい. (2) *履修*(科目名, 得点), あるいは図 6.4 の右半分の図の履修リレーションスキーマが表示されればよい.

■ **6.4** 1. データが多数のユーザから同時にアクセス可能な組織体の唯一無二の共有資源となっている.

2. データベースの一貫性が保証されやすい.

3. データ操作言語, たとえばリレーショナルデータベースでは SQL, がサポートされていて, 容易に問合せやデータの更新などが行える.

第7章

■ **7.1** (1) ((学生 [住所 = '池袋'])[大学名 = '令和大'])[氏名], あるいは $\pi_{\{氏名\}}$ $(\sigma_{住所='池袋' \wedge 大学名='令和大'}(学生))$

(2) ((学生 [氏名 = 氏名] アルバイト)[学生.大学名 = '令和大'])[アルバイト.会社名], あるいは $\pi_{\{アルバイト.会社名\}}(\sigma_{学生.大学名='令和大'}(学生 \bowtie_{氏名=氏名} アルバイト))$

(3) (((学生 [氏名 = 氏名] アルバイト)[アルバイト.会社名 = 'A 商事'])[アルバイト.給与 ≧ 50])[学生.氏名, 学生.大学名], あるいは $\pi_{\{学生.氏名, 学生.大学名\}}$ $(\sigma_{アルバイト.会社名='A 商事' \wedge アルバイト.給与≥50}(学生 \bowtie_{氏名=氏名} アルバイト))$

■ **7.2** (1) (製品 [単価 ≧ 100]) [製品 id, 製品名], あるいは $\pi_{\{製品 id, 製品名\}}$ $(\sigma_{単価≥100}(製品))$

(2) ((製品 [製品名 = 'テレビ']) [製品 id = 製品 id](工場 [生産量 ≧ 10])) [工場.工場 id, 工場.所在地], あるいは $\pi_{\{工場.工場 id, 工場.所在地\}}(\sigma_{製品名='テレビ'} (製品)$ $\bowtie_{製品 id=製品 id} (\sigma_{生産量≥10}(工場)))$

(3) ((製品 [製品 id = 製品 id]) 工場) [製品.製品 id = 製品 id]((在庫 [在庫量 < 5]) [所在地 = '札幌']))[T.製品.製品名, T.工場.工場 id], ここに T = (製品 [製品 id = 製品 id] 工場) とおいた. あるいは ((((在庫 [在庫量 < 5])[所在地 = '札幌'])[製品 id = 製品 id] 製品)[製品.製品 id = 製品 id] 工場)[T.製品.製品名, 工場.工場 id], ここに T = (((在庫 [在庫量 < 5])[所在地 = '札幌'])[製品 id = 製品 id] 製品) とおいた. あるいは $\pi_{\{T.製品.製品名, 工場.工場 id\}}((\sigma_{在庫量<5 \wedge 所在地='札幌'}(在庫) \bowtie_{製品 id=製品 id} 製品))$ $\bowtie_{製品.製品 id=製品 id} 工場)$, ここに $T = \sigma_{在庫量<5 \wedge 所在地='札幌'}(在庫) \bowtie_{製品 id=製品 id} 製品$ とおいた.

■ **7.3** (1)

商品. 商品 id	商品. 商品名	商品. 価格	納品. 顧客 id	納品. 納品数量
g1	ボールペン	150	c1	10
g1	ボールペン	150	c2	30
g2	消しゴム	80	c2	20
g2	消しゴム	80	c3	40

(2)

商品. 商品 id	商品. 商品名	商品. 価格	納品. 商品 id	納品. 顧客 id	納品. 納品数量
g1	ボールペン	150	g1	c1	10
g1	ボールペン	150	g1	c2	30
g2	消しゴム	80	g2	c2	20
g2	消しゴム	80	g2	c3	40
g3	クリップ	200	null	null	null

第8章

■ **8.1** A–イ，C–エ，I–ア，D–ウ

■ **8.2** データベースの状態と実世界の状態が一致しているとき，データベースの一貫性があるという．トランザクションとはデータベースをある一貫した状態から次の一貫した状態に遷移させるアプリケーションプログラムレベルでの仕事の単位である．

■ **8.3** (1) 全局的 UNDO：トランザクション障害が発生した場合，異常終了したトランザクションを UNDO する，つまりそのトランザクションがデータベースに対して行った全ての作用を取り消す．

(2) 全局的 UNDO：システム障害が発生した時点で未完，つまりまだ COMMIT も ROLLBACK もしていない全てのトランザクションをシステム再スタート時に UNDO する．

(3) 局所的 REDO：システム障害発生時点で COMMIT してはいたが，そのトランザクションが要求していたデータベース更新の一部あるいは全体が，一時的状態にある場合には，そのようなトランザクションをシステム再スタート時点で REDO する．つまりそのトランザクションがデータベースに対して行った全ての作用をデータベースに反映させる．

(4) 全局的 REDO：メディア障害により，データベースが物理的に修復不可となった場合に，アーカイブと障害発生以前に COMMIT していた全てのトランザクションを REDO して，一貫したデータベースを得る．

第9章

■ **9.1** (1) SELECT 氏名 FROM 学生 WHERE 住所 = '池袋' AND 大学名 = '令和大'

(2) SELECT アルバイト.会社名　FROM 学生, アルバイト WHERE 学生.大学名 = '令和大' AND 学生.氏名 = アルバイト.氏名

(3) SELECT 学生.氏名, 学生.大学名 FROM 学生, アルバイト WHERE 学生.氏名 = アルバイト.氏名 AND アルバイト.会社名 = 'A 商事' AND アルバイト.給与 >= 50

■ **9.2** (1) SELECT 製品 id, 製品名 FROM 製品 WHERE 単価 >= 100

(2) SELECT 工場.工場 id, 工場.所在地 FROM 製品, 工場 WHERE 製品.製品名 = 'テレビ' AND 製品.製品 id = 工場.製品 id AND 工場.生産量 >= 10

(3) SELECT 製品.製品名, 工場.工場 id FROM 製品, 工場, 在庫 WHERE 在庫.在庫量 < 5 AND 在庫.所在地 = '札幌' AND 在庫.製品 id = 製品.製品 id AND 在庫.製品 id = 工場.製品 id

第10章

■ **10.1** (1)

```
SELECT 社員 id, 氏名
FROM 社員
WHERE 給与 > (SELECT AVG(給与) FROM 社員)
```

(2)

```
SELECT x.社員 id, x.氏名
FROM 社員 x, 社員 y
WHERE x.上司 = y.社員 id AND x.給与 > y.給与
```

(3)

```
SELECT x.社員 id, x.氏名
FROM 社員 x, 社員 y, 社員 z
WHERE x.上司 = y.社員 id AND y.上司 = z.社員 id AND x.給与 > z.給与
```

■ **10.2** (1) SELECT　商品.商品 id, 商品.商品名, 商品.価格, 納品.顧客 id, 納品.納品数量　FROM　商品　NATURAL INNER JOIN　納品, あるいは * (アスタリスク) を使って SELECT　商品.*, 納品.顧客 id, 納品.納品数量　FROM　商品　NATURAL INNER JOIN　納品, あるいは相関名を使って SELECT

X.商品 id, X.商品名, X.価格, Y.顧客 id, Y.納品数量 FROM 商品 AS X NATURAL INNER JOIN 納品 AS Y

(2) SELECT 商品.商品 id, 商品.商品名, 商品.価格, 納品.商品 id, 納品.顧客 id, 納品.納品数量 FROM 商品 LEFT OUTER JOIN 納品 ON 商品.商品 id = 納品.商品 id, あるいは $*$(アスタリスク)を使って SELECT 商品.$*$, 納品.$*$ FROM 商品 LEFT OUTER JOIN 納品 ON 商品.商品 id = 納品.商品 id, あるいは相関名を使って SELECT X.商品 id, X.商品名, X.価格, Y.商品 id, Y.顧客 id, Y.納品数量 FROM 商品 AS X LEFT OUTER JOIN 納品 AS Y ON X.商品 id = Y.商品 id

■ **10.3** (1)

a	b	c
2	2	2

(2)

a	b	b	c
1	1	null	null
2	2	2	2

null は空白であってもよい.

(3)

a	b	b	c
2	2	2	2
null	null	3	3

(4)

a	b	b	c
1	1	null	null
2	2	2	2
null	null	3	3

■ **10.4** (1)

```
WITH RECURSIVE totalparts(pid, ppid) AS
(SELECT pid, ppid FROM parts
UNION ALL
SELECT x.pid, y.ppid FROM parts x, parts y WHERE x.ppid = y.pid)
SELECT * FROM totalparts WHERE ppid = 'g1'
```

(2)

pid	ppid
p1	g1
p2	g1
p11	g1

第11章

11.1

1. ホストコンピューティングパラダイムで埋込み SQL 親プログラムを書き下す.
2. クライアント／サーバコンピューティングパラダイムで SQL と SQL/PSM を使ってアプリケーションと SQL 呼出しルーチンを書き下す.

第12章

12.1 (1) OLTP は On-Line Transaction Processing, OLAP は On-Line Analytical Processing の頭字語である.

(2) OLTP と OLAP の違いは, 基幹系システムのための OLTP と情報系システムのための OLAP という具合に対極的に位置づけられることが多い.

(3) OLAP はデータウェアハウスやデータマートに格納されているデータに対して, 更新ではなくそれらを高速に読み取りつつ, 一般に多次元分析と呼ばれているデータ分析を行う概念をいう.

12.2 サロゲートキーを定義することで, ディメンジョン表の主キーに変更があったとしても, サロゲートキーの値は不変であるから, サロゲートキーを介してファクト表とディメンジョン表の関係を示したスタースキーマ全体に変更を加えなくて済む.

12.3 たとえば, 商品軸の値をある商品に固定し, 時間と店舗を軸とする 2 次元平面を切り出す操作をいう. この操作により, その商品が月が変わると各店舗でどのような売れ方をしているのかを把握することができる.

12.4

```
SELECT 時間 id, 店舗 id, 商品 id, SUM(売上高) AS 売上高計
FROM 売上
GROUP BY ROLLUP (時間 id, 店舗 id, 商品 id)
```

第13章

■ **13.1** Volume はデータ量が多いこと，Velocity は発生するデータのペースが増大していること，Variety はデータが多様であること．

■ **13.2** (1) C は consistency または整合性，A は availability または可用性，P は partition tolerance または分断耐性

(2) CAP 定理が主張していることは，共有データシステムでは，ネットワークの分断は避けられないので，システム構築にあたり可用性を放棄するか整合性を放棄するかの選択を迫られるということである．

■ **13.3** (1) BA: Basically Available, S: Soft-state, E: Eventual consistency

(2) $W + R \leqq N$

第14章

■ **14.1** (1) A が 1 回以上，そのあとに B が 1 回以上，が続く行パターンを表す．

(2) A が 1 回以上，そのあとに C が 1 回以上とそのあとに B が 1 回以上，が 0 回以上発生する行パターンを表す．

■ **14.2** (1) $(A+ B+)$, (2) $(A+ (C+ B+)*)$

参 考 文 献

[1] 増永良文. リレーショナルデータベース入門 [第 3 版]−データモデル・SQL・管理システム・NoSQL−. サイエンス社, 2017.

[2] 増永良文. コンピュータサイエンス入門 [第 2 版]−コンピュータ・ウェブ・社会−. サイエンス社, 2023.

[3] 増永良文. データマネジメントとデータベース管理. 第 16 回データ工学と情報マネジメントに関するフォーラム（DEIM2024）, T2-A-1-04, 日本データベース学会・電子情報通信学会データ工学研究専門委員会・情報処理学会データベースシステム研究会, 2024 年 2 月 28 日.
https://proceedings-of-deim.github.io/DEIM2024/t2-a-1-04.pdf

[4] 増永良文. リレーショナルデータベース特別講義−データモデル・SQL・管理システム・データ分析基盤−. サイエンス社, 2024.

[5] DAMA International. *DAMA-DMBOK Data Management Body of Knowledge*, Second Edition. Technics Publications, 2017.

[6] 小川康二, 伊藤洋一. DX を成功に導くデータマネジメント. 翔泳社, 2021.

[7] ジル・フォコニエ（著）, 坂原茂, 三藤博, 田窪行則（訳）. 思考と言語におけるマッピング−メンタル・スペース理論の意味構築モデル−. 岩波書店, 2000.
原著：Gilles Fauconnier. *Mappings in Thought and Language*. Cambridge University Press, 1997.

[8] Oracle. Enterprise Information Management: Best Practices in Data Governance. An Oracle White Paper on Enterprise Architecture, May 2011.

[9] ゆずたそ, 渡部徹太郎, 伊藤徹郎. 実践的データ基盤への処方箋. 技術評論社, 2021.

[10] Dan Woods. Big Data Requires a Big, New Architecture. Forbes, Jul 21, 2011.
https://www.forbes.com/sites/ciocentral/2011/07/21/big-data-requires-a-bi

[11] William H. Inmon. *Building the Data Warehouse*, Fourth Edition. Wiley Publishing, Inc., 2005.

[12] Edgar F. Codd. A Relational Model of Data for Large Shared Data Banks. *Communications of the ACM*, Vol.13, No.6, pp.377-387, 1970.

[13] 増永良文. コンピュータに問い合せる−データベースリテラシ入門−. サイエンス社, 2018.

[14] Torben Bach Pedersen and Christian S. Jensen. Multidimensional Database Technology. *IEEE Computer*, Vol.34, No.12, pp.40-46, December 2001.

参 考 文 献 **181**

[15] E. F. Codd, S. B. Codd, and C. T. Salley. Providing OLAP (On-line Analytical Processing) to User-Analysts: An IT mandate. Codd & Date, Inc., 1993.

[16] Ralph Kimbel, Margy Ross. *The Data Warehouse Toolkit: The Definitive Guide to Dimensional Modeling*, Third Edition. John Wiley & Sons, Inc., 2013.（この書籍の初版は 1996 年に刊行されている）

[17] J. Melton and A. R. Simon. *SQL:1999 Understanding Relational Language Components.* Morgan Kaufman Publishers, 2002.
翻訳：ジム・メルトン，アラン・サイモン（著）．芝野耕司（監訳），小寺孝，白鳥孝明，田中章司郎，土田正士，山平耕作（訳）．SQL：1999 リレーショナル言語詳細．ピアソン・エデュケーション，2003.

[18] 加嵜長門，田宮直人．ビッグデータ分析・活用のための SQL レシピ．マイナビ出版，2017.

[19] Doug Laney. 3D Data Management: Controlling Data Volume, Velocity and Variety. *META Group Research Note*, 6, 2001.

[20] ビクター・マイヤー＝ショーンベルガー，ケネス・クキエ（著），斎藤栄一郎（訳），ビッグデータの正体–情報の産業革命が世界のすべてを変える–．講談社，2013.
原著：V. Mayer-Schonberger and K. Cukier. *Big Data: A Revolution That Will Transform How We Live, Work, and Think.* HACHETTE, 2013.

[21] G. DeCandia, D. Hastorun, M. Jampani, G. Kakulapati, A. Lakshman, A. Pilchin, S. Sivasubramanian, P. Vosshall and W. Vogels. Dynamo: Amazon's Highly Available Key-value Store. *Proceedings of the 21st ACM Symposium on Operating Systems Principles* (SOSP'07), pp.205-220, October 14-17, 2007.

[22] F. Chang, J. Dean, S. Ghemawat, W. C. Hsieh, D. A. Wallach, M. Burrows, T. Chandra, A. Fikes and R. E. Gruber. Bigtable: A Distributed Storage System for Structured Data. *Proceedings of the 7th USENIX Symposium on Operating Systems Design and Implementation* (OSDI'06), pp.205-218, 2006.

[23] E. A. Brewer. Towards Robust Distributed Systems (abstract), (Invited Talk). *Proceedings of the 19th ACM Symposium on Principles of Distributed Computing*, p.7, Portland, Oregon, July 2000.

[24] W. Vogels. Eventually Consistent. *Communications of the ACM*, Vol.52, No.1, pp.40-44, 2009.

[25] S. Melnik, A. Gubarev, J. J. Long, G. Romer, S. Shivakumar, M. Tolton and T. Vassilakis. Dremel: Interactive Analysis of Web-Scale Datasets. *Proceedings of the 36th International Conference on Very Large Data Bases,*

pp.330-339, 2010.

[26] Marcel Kornacker, Alexander Behm, Victor Bittorf, Taras Bobrovytsky, Casey Ching, Alan Choi, Justin Erickson, Martin Grund, Daniel Hecht, Matthew Jacobs, Ishaan Joshi, Lenni Kuff, Dileep Kumar, Alex Leblang, Nong Li, Ippokratis Pandis, Henry Robinson, David Rorke, Silvius Rus, John Russell, Dimitris Tsirogiannis, Skye Wanderman-Milne, Michael Yoder. Impala: A Modern, Open-Source SQL Engine for Hadoop. 7th *Biennial Conference on Innovative Data Systems Research* (CIDR'15), January 4-7, 2015, Asilomar, California, USA, 2015.

[27] Chapter 21 Pattern Recognition With MATCH_RECOGNIZE, Fusion Middleware CQL Language Reference for Oracle Event Processing. Oracle Help Center.

`https://docs.oracle.com/cd/E29542_01/apirefs.1111/e12048/pattern_recog.htm#CQLLR1531`

[28] Tatsuo Ishii. Implementing Row Pattern Recognition. *PostgreSQL Development Conference 2024 (PGConf.dev)*, Vancouver, Canada, May 29, 2024.

[29] ISO/IEC 19075-5:2021. Information technology. Guidance for the use of database language SQL. Part 5: Row pattern recognition. ISO, 2021.

[30] Itzik Ben-Gan. Row Pattern Recognition in SQL. April 10, 2019.

`https://sqlperformance.com/2019/04/t-sql-queries/row-pattern-recognition-in-sql`

索　引

著者略歴

増 永 良 文
ます なが よし ふみ

1970年　東北大学 大学院工学研究科 博士課程 電気及通
信工学専攻 修了，工学博士
情報処理学会データベースシステム研究会主査，
情報処理学会監事，ACM SIGMOD 日本支部長，
日本データベース学会会長，図書館情報大学教
授，お茶の水女子大学教授，青山学院大学教授
を歴任，情報処理学会フェロー，電子情報通信
学会フェロー
日本データベース学会名誉会長（創設者）
お茶の水女子大学名誉教授

主 要 著 書
リレーショナルデータベースの基礎—データモデル編—
(オーム社，1990)，オブジェクト指向データベース入門
(共同監訳，共立出版，1996)，ソーシャルコンピューティ
ング入門 (サイエンス社，2013)，リレーショナルデータ
ベース入門 [第3版](サイエンス社，2017)，コンピュー
タに問い合せる (サイエンス社，2018)，データベース入
門 [第2版](サイエンス社，2021)，コンピュータサイエ
ンス入門 [第2版](サイエンス社，2023)，リレーショナ
ルデータベース特別講義 (サイエンス社，2024)

ライブラリ データサイエンス講義ノート＝7
データサイエンティストのための
データベース基礎

2024年7月10日ⓒ　　　　　　　初 版 発 行

著　者　増 永 良 文　　　　発行者　森 平 敏 孝
　　　　　　　　　　　　　　印刷者　小宮山恒敏

発行所　　株式会社　サイエンス社

〒 151–0051　東京都渋谷区千駄ヶ谷1丁目3番25号
営 業 ☎ (03)5474–8500(代)　振替 00170–7–2387
編 集 ☎ (03)5474–8600(代)
FAX ☎ (03)5474–8900

印刷・製本　小宮山印刷工業(株)

《検印省略》

サイエンス社のホームページのご案内
https://www.saiensu.co.jp
ご意見・ご要望は
rikei@saiensu.co.jp　まで.

ISBN 978-4-7819-1606-4
PRINTED IN JAPAN

コンピュータに問い合せる
―データベースリテラシ入門―
増永良文著　2色刷・B6・本体1600円

データベース入門 ［第2版］
増永良文著　2色刷・A5・本体1950円

リレーショナル
　　データベース入門 ［第3版］
―データモデル・SQL・管理システム・NoSQL ―
増永良文著　2色刷・A5・本体3200円

リレーショナル
　　データベース特別講義
―データモデル・SQL・管理システム・データ分析基盤―
増永良文著　A5・本体2500円

＊表示価格は全て税抜きです．

サイエンス社